新时代经济管理与标准化绩效创新研究

宋敬敬◎著

线装书局

图书在版编目（CIP）数据

新时代经济管理与标准化绩效创新研究 / 宋敬敬著 . -- 北京：线装书局，2023.7
ISBN 978-7-5120-5433-2

Ⅰ.①新… Ⅱ.①宋… Ⅲ.①企业管理－创新管理－研究－中国 Ⅳ.①F279.23

中国国家版本馆CIP数据核字(2023)第070920号

新时代经济管理与标准化绩效创新研究
XINSHIDAI JINGJI GUANLI YU BIAOZHUNHUA JIXIAO CHUANGXIN YANJIU

作　　者：	宋敬敬
责任编辑：	白　晨
出版发行：	线装书局
地　　址：	北京市丰台区方庄日月天地大厦B座17层（100078）
电　　话：	010-58077126（发行部）010-58076938（总编室）
网　　址：	www.zgxzsj.com
经　　销：	新华书店
印　　制：	三河市腾飞印务有限公司
开　　本：	787mm×1092mm　　1/16
印　　张：	9.5
字　　数：	220千字
印　　次：	2024年7月第1版第1次印刷
定　　价：	68.00元

前　言

　　改革开放以来，我国经济社会快速发展，取得了举世瞩目的成就。在这一进程中，政府部门发挥着极其重要的作用，各级行政管理水平也不断提升。但随着外部环境的深刻变化，特别是十八大以来，经济迈入"三期叠加"新常态，深化改革进入攻坚期，干部队伍作风深刻转变，这些不仅对各级行政部门提出了更高的要求，也使得传统行政管理难以解决的一些矛盾和问题更加凸显，亟待引入新的管理理念和方法从根本上加以解决。

　　党的十八大将推进国家治理体系与治理能力现代化作为全面深化改革的总目标，对政府职能转变、深化行政管理改革提出了新的要求，近年来各级各部门在这方面也进行了不少有益探索。标准化绩效管理正是在这种大背景下应运而生，它是近几年在行政管理实践中不断摸索完善形成的一套行之有效的管理模式，是推进治理体系和治理能力现代化的有益探索和生动实践。这一管理模式植根我国行政部门管理实际，融合现代管理理论、方法及技术和传统管理优秀思想，不仅解决了行政部门管理中的一系列问题，更打破了传统管理理念和思维模式，改变了干部职工的工作方式和行为习惯，实现了价值理念的一次跃升。

　　标准化绩效管理是一种植根我国行政部门管理实际，融合绩效管理、标准化管理等现代管理理论、方法及技术和中国传统管理优秀思想的行政管理新模式。从形式上看，它是一项具有自我修复、自我完善、自我发展特性的规范的全过程管理机制；从功能上看，它是一套科学有效的管理工具和方法；从本质上看，它是一次行政管理理念的深刻变革，是推进治理体系和治理能力现代化的有益实践，成功将现代管理理念植入传统东方管理思想的"沃土"，实现了优势互补，解决了现实问题，激发了干部职工积极向上的动力活力。

　　本书的章节布局，共分为十二章。第一章是经济组织的基本问题，介绍了经济活动与经济组织、经济资源与经济增长以及经济体制等；第二章对经济活动的基本规律做了相对详尽的介绍，分别介绍了稀缺性规律、边际收益递减规律和规模经济理论等；第三章是标准化绩效管理概述，介绍了标准化绩效管理和基本环节等；第四章是标准化绩效管理的必要性与可行性，介绍了实施标准化绩效管理的原因和理论基础；第五章是标准化绩效管理体系的构建，介绍了刚柔并济的管理模式、环环相扣的良性循环以及必不可少的基础和配套；第六章是研究指标意义，在绩效计划阶段，以深入研究工作为基础，精准、清晰地设定绩效目标指标和完成标准，通过几上几下沟通，层层落实到单位（处室）和岗位（个人），并形成大家对目标指标的认同和共识，使得标准化绩效管理成为精准落实上级工作部署的有力抓手；第七章是日常管理的重要性，标准化绩效管理在绩效监控环节设计了绩效辅导、日常管理、绩效提醒等工具和方法，真正将管理做在了日常，"过程好自然有好结果"，确保了绩效计划的顺利实现；第八章是让努力决定考评结果，绩效考评是否科学、合理、公正、可行，从整体上决定着标准化绩效管理的水平与效果；第九章是持续改进是管理的活力源泉，标准化绩效管理将改进建立在健全的管理体系之上，设定了科学规范的改进流程和方法，对管理中发现的不足和差距，能够及时采取有针对性的措施予以纠偏，使各项工作和管理体系都持续不断地迸发出新的活力；第十章是沟通需有始有终，绩效沟通是标准化绩效管理的灵魂，在整个管理体系和流程中具有极其重要的作用，占据十分重要的位置；第十一章是标准化绩效管理"误区"的破解，梳理、分析这些问题，不难发现大多并非出自标准化绩效管理体系本身，而是源于推动者和执行者理解上的偏差，因此，有必要溯本清源，深挖产生误区的根源，提前采取有效措施加以避免；第十二章是标准化绩效管理的创新与展望，展望这一管理模式的远景，作为推进国家治理体系和治理能力现代化的具体探索和生动实践，标准化绩效管理的未来充满希望，在这个从理论到实践，再从实践到理论的不断探索、不断完善的过程中，必将日益彰显出更强大的生命力。

编委会

邵明晓　李海燕　张　坤
林　霖　孟佳林　郝慧萍
宾翮翩　杨晓清　王　琪
陈　阳　乔冠男　郭欣欣
邹红霞

目 录

第一章 经济组织的基本问题 …………………………………………（1）
    第一节 经济活动与经济组织 ………………………………………（1）
    第二节 经济资源与经济增长 ………………………………………（3）
    第三节 经济体制 ……………………………………………………（5）
    第四节 市场机制和政府在经济生活中的作用 ……………………（6）

第二章 经济活动的基本规律 …………………………………………（13）
    第一节 稀缺性规律 …………………………………………………（13）
    第二节 边际收益递减规律 …………………………………………（16）
    第三节 分工理论和专业化 …………………………………………（17）
    第四节 规模经济理论 ………………………………………………（20）

第三章 标准化绩效管理概述 …………………………………………（22）
    第一节 标准化绩效管理 ……………………………………………（22）
    第二节 标准化绩效管理的基本环节 ………………………………（27）
    第三节 结果应用及技术支撑 ………………………………………（29）
    第四节 组织机构与职责分工 ………………………………………（30）

第四章 标准化绩效管理的必要性与可行性 …………………………（32）
    第一节 标准化绩效管理实施的必要性 ……………………………（32）
    第二节 标准化绩效管理的理论基础 ………………………………（36）
    第三节 标准化绩效管理实施的可行性 ……………………………（46）

第五章 标准化绩效管理体系的构建 …………………………………（51）
    第一节 刚柔并济的管理模式 ………………………………………（51）
    第二节 环环相扣的良性循环 ………………………………………（57）
    第三节 必不可少的基础和配套 ……………………………………（61）

第六章 研究指标意义 …………………………………………………（65）
    第一节 目标指标的重要性 …………………………………………（65）
    第二节 指标标准就是工作质量 ……………………………………（73）
    第三节 绩效指标 ……………………………………………………（79）

第七章 日常管理的重要性 (85)
- 第一节 绩效监控 (85)
- 第二节 绩效辅导 (89)
- 第三节 过程管理 (91)

第八章 让努力决定考评结果 (94)
- 第一节 标准化绩效管理的考评 (94)
- 第二节 考评结果的"可比"性 (98)
- 第三节 只要努力就给机会 (103)

第九章 持续改进是管理的活力源泉 (108)
- 第一节 持续改进的重要性 (108)
- 第二节 改进的具体内容 (111)
- 第三节 改进的方法 (114)

第十章 沟通需有始有终 (117)
- 第一节 沟通的重要性 (117)
- 第二节 做好全程沟通 (123)
- 第三节 沟通是门艺术 (126)

第十一章 标准化绩效管理"误区"的破解 (130)
- 第一节 "钻木取火"要不得 (130)
- 第二节 摆正心态看问题 (133)
- 第三节 关键节点别失误 (135)

第十二章 标准化绩效管理的创新与展望 (139)
- 第一节 标准化绩效管理的经验借鉴 (139)
- 第二节 标准化绩效管理的创新 (142)
- 第三节 未来展望 (145)

参考文献 (148)

第一章 经济组织的基本问题

第一节 经济活动与经济组织

经济社会是由无数个"微观"的单位（从事生产的单位和进行消费的单位，分别称之为生产者和消费者）所构成的。一般认为，企业代表生产单位，家庭代表消费单位。如图1-1所示，家庭为了从消费行为中得到最大的满足（"效用"），需要到商品市场上购买消费品（有形的"产品"和无形的"服务"）；而向商品市场提供消费品的是厂商或企业，它们之所以愿意向消费者提供有形或无形的商品，目的就是为了从这种生产行为中取得最大的利润。为了进行生产，企业必须在生产要素市场上进行购买，以便获得生产过程所需的人力、土地、机器设备、原材料、资金、技术和技能等"资源"的投入；相应地，资源拥有者在向企业提供这些投入品的同时，也产生工资、地租、利息和其他的收入。消费单位依靠这些收入作为购买消费品的货币支出，花在企业生产过程所产出的产品和服务上。这样，就形成了整个经济活动的过程。

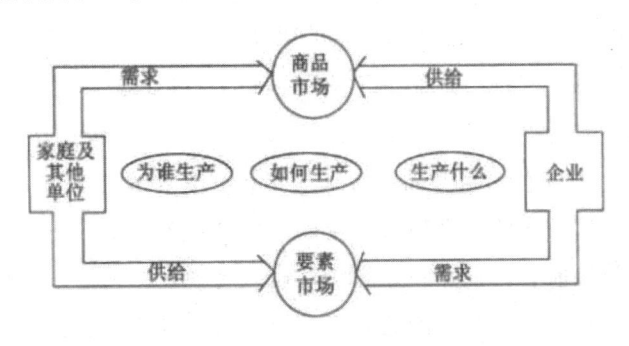

图1-1 经济活动的过程

在整个经济活动中,企业、消费者都要与市场发生直接的联系。从社会角度考察,任何一个经济体都面临三个基本问题,也就是生产什么和生产多少、如何生产、为谁生产的问题。从企业角度来观察,也就是企业使命确定中面临的三个相互关联的问题,即满足谁的需要(顾客群)、用什么来满足需要(产品或服务类别)、怎么满足需要(竞争战略),对这三个问题的不同侧重,也就形成了企业生产经营的不同阶段。如图1-2所示,在生产经营的第一阶段,企业通常考虑"自己擅长生产什么,就生产什么",既不注意顾客的需要,也不注意竞争者的存在,我们可以说它采取的是一种生产者导向;在第二阶段,企业开始注意针对顾客的需要进行生产,考虑"市场真正需要什么,我就生产什么",是一种顾客导向;在第三阶段,企业密切注意竞争对手的存在与动向,采取"领先对手生产什么,我也生产什么"的行动方针,这是一种竞争者导向;而在现代企业经营阶段,企业必须既注意顾客也注意竞争者,做到顾客导向与竞争者导向兼顾、平衡,这才是真正意义上的市场导向。

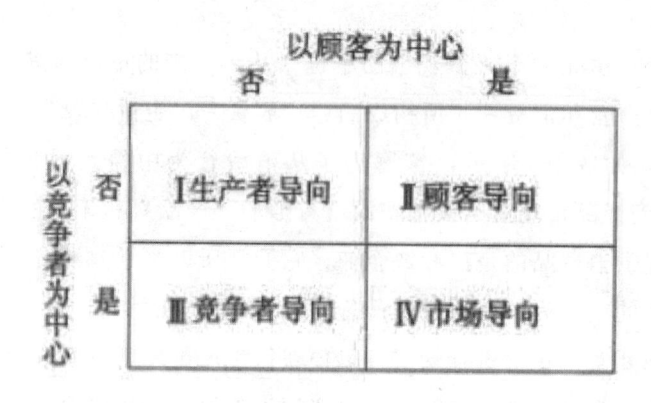

	以顾客为中心 否	以顾客为中心 是
以竞争者为中心 否	Ⅰ 生产者导向	Ⅱ 顾客导向
以竞争者为中心 是	Ⅲ 竞争者导向	Ⅳ 市场导向

图1-2 顾客导向与竞争者导向的平衡

综合考虑经济组织的三个基本问题,企业应该着眼于如何能比竞争对手更有效率和更有效能地满足顾客的需要。

根据企业用以满足顾客需要所提供的"商品"(产品和服务)性质的不同,我们可以将从事商务活动的各类经济组织(通称为工商企业)区分为三大产业领域:第一产业企业,主要利用自然资源从事初级产品的生产,包括农、林、牧、渔业;第二产业企业,主要对初级产品进行加工活动,包括重工业和轻工业、制造业、采掘业、电力煤气及水的生产和供应业以及建筑业等;第三产业企业,包括流通和服务两大部门,前者如批发和零售贸易业、餐饮业、仓储业、交通运输业、邮电通讯业,后者则为生产和生活的服务部门(如金融保险业、地质勘查业、房地产、公用事业、居民服务业、旅游业、咨询、信息服务业和各类技术服务业),为提高科学文化水平和居民素质的服务部门（教育、文化、广播电视事业，科学研究事业，卫生、体育和社会福利事业）以及为社会公众需要的服务部门（国家、党政机关，社会团体，军队和警察）等。第三产业的兴旺发达，是现代化经济的一个重要特征，但第三产业的发展要以第一、第二产业为基础，并为第一、第二产业的发展服务。

不论企业处于何类产业之中，其生产经营活动过程的实现都包括供应、生产和销售三大环节。也就是说，企业必须在生产要素市场上筹措（采购、供应）生产活动所需的各种投入，然后经过生产环节将这些投入转换为产出，同时在商品（包括产品和服务）市场上将产出卖出，以获得预期的收入。由产出换得的收入与取得投入要素所付出的支出相抵后，剩余的部分就是企业的利润。

第二节　经济资源与经济增长

企业从事生产经营活动需要三个物质要素：土地、劳动力和资本。除了从事农、林、牧、副、渔、采矿、交通、基础设施和其他需大量占用土地的生产活动外，大多数企业的物质要素主要是劳动力和资本。劳动是经济增长的基本要素，但不是唯一的要素。有些行业劳动投入很少，产量和收入却很高，原因就是非劳动因素起了主导作用。这些非劳动因素中，资本是一大因素。我们把以劳动力投入为主，或者说单位资本吸纳较多劳动力的产业叫作劳动密集型产业（如玩具、服装制造业和农业）；把以资本投入为主，或者说单位资本吸纳较少劳动力的产业叫作资本密集型产业（如钢铁冶炼、机械制造业）。但不管是哪一个产业，其生产过程都离不开资本和劳动的组合，离不开资本投入。这里，资本不单纯是钱，还包括厂房、机器设备、车辆和办公楼等。另外，经济增长也离不开土地，尤其农业生产更是如此。随着土地商品化，土地实行有偿转让、有偿使用，土地的买卖和租用过程出现的地价的变动就成为经济增长的一个不容忽视的因素。但是，从经济学的观点看，土地的经济投入实际上是一种资本投入，购买土地如同购买机器设备，都属于资本开支，所以通常在研究经济增长时不把土地列为一个独立因素，而是作为一种特有资本形式来看待。

劳动力、土地和资本是企业活动的有形要素。除了这些有形要素外，企业的生产经营活动还需要技术、信息等无形要素。在市场激烈竞争的时代，技术和信息对企业的生存发展至关重要。随着市场行情的复杂变动和现代科技的迅速发展，企业对无形要素的投入日益增加，越来越多的技术密集型企业成长起来。

技术密集型企业是依靠技术进步来促进经济增长的。技术进步可能有具体的物质载体，如安装一条先进的生产线，由此带来产量的迅速提高。这种实物形式的技术进步往往与资本投入的增加相伴随而生。另一种无实物表现形式的技术进步则是体现在知识技术上,如计算机软件生产就需要知识密集型的技术。知识技术的进步更多的是依靠人力资源的开发和利用,而不是主要依靠资本的投入。因此,在教育发达的国家中,必然会产生越来越多的知识密集型产业。

信息对于企业生产经营活动正常、有效地开展也是必不可少的。20世纪60年代初,日本的情报机构从"铁人"王进喜手抬肩扛钻井设备的一张照片上,捕捉并分析出大庆油田的规模以及近期中国将要进口某种炼油设备的结论。这条小信息为日本设备制造业的对华出口业务带来了可观的效益。在现今"信息爆炸"的社会,信息的重要性日益突出。

但无论是劳动力、土地和资本,还是技术和信息,就其本身而言都只是一些单一要素。有了它们,并不等于企业就能生存和发展下去。为使各种单一的要素形成有机的联系和密切的结合,还需要企业家的创新精神、组织管理才能和生产经营制度安排等,它们同技术进步一起被看作是经济增长的效率因素,或者称之为经济增长的第三因素,而劳动和资本分别为第一、第二因素。我国农业从20世纪70年代末、80年代初开始实行家庭联产承包制以来,土地上投入的劳动力大为减少,有至少一半的劳动力从农业生产中脱离出来务工经商,但农业产量反而比改革前加速增长,城乡居民的温饱问题很快得到解决,其中的原因就在于土地和劳动的生产率比以前大大提高了。这类在要素投入数量减少的同时产出反而增加的事例,在工业领域中同样可以找到。如果产出的增长率高于全部要素(劳动、资本和其他物质要素)投入的增长率,比如,全部要素增长率为3%,产出增长率为4%,则经济增长存在一个剩余,这时我们说发生了生产率或效率提高型的经济增长,或称内涵型增长。内涵型增长是指要素投入数量(要素增长率)不变的情况下靠提高生产率而实现的经济增长。与之相对应的,外延型增长则是指生产率不变的情况下依靠要素投入数量扩充而实现的经济增长。以外延型增长为主的经济称为粗放型经济,而以内涵型增长为主的经济则称为集约型经济。从粗放型经济向集约型经济的转变,是经济发展的必然趋势。

以内涵型增长为主的集约型经济需要不断提高要素的生产率。以下三个措施可以促使要素利用更为有效。

(1)通过技术改造、更新、新技术的应用以及技术结构的调整和升级,来提高要素的使用效率。如将电子计算机应用于生产过程控制,实现生产的机械化、自动化,可以促进生产效率的迅速提高。

(2)管理改善。这主要指在充分发挥企业家创新才能的前提下,通过调整管理组织结构、采用先进管理方法、改革企业管理方式,从而一方面改进管理者本身的行为效率,另一方面提高被管理对象的人力、物力和财力的利用效率。

（3）制度创新。一种制度安排如果比另一种制度安排对经济活动主体具有更明显、更直接的利益刺激，同时能产生和发挥更强大的行为约束，那么在这种制度下经济组织的生产经营活动就会更有效率。

第三节　经济体制

经济资源具有稀缺性，因此就存在一个如何配置资源的问题。计划和市场是社会进行资源配置的两种基本方式和手段。

命令经济，也叫作计划经济，是政府作出所有关于生产和分配决策的经济，如苏联、改革开放前的中国所采用的经济制度就比较接近于该模式。政府拥有相当大部分的生产资料（土地和资本），也拥有大多数行业中的企业，并指导其生产经营；政府成为大多数工人的雇主，告诉他们如何工作；命令经济中的政府决定社会的产出如何在不同的物品与劳务之间进行分配。简而言之，在一个命令经济中，政府通过它的资源所有权和实施经济决策的权力，回答了主要的经济问题。

与之相比，在美国和大多数民主国家中，多数经济问题是由市场来解决的。因此，它们的经济制度也称之为市场经济，市场经济是一种个人和私有企业制定关于生产和消费的主要决策的经济。价格、市场、盈利与亏损、刺激与奖励的一套制度解决了生产什么、如何生产和为谁生产的问题。企业使用成本最低的生产技术（如何生产），生产那些利润最高的商品（生产什么）。消费则取决于个人如何花费从劳动和财产所有权中获得的工资收入和财产收入的决策（为谁生产）。

现实世界中，纯粹的市场经济或纯粹的计划经济并不存在。许多国家的经济制度都是通过市场与计划不同程度的结合来解决资源的配置和利用。把市场和计划的优缺点互补，更有利于经济的发展。正如邓小平的精辟论述："计划多一点还是市场多一点，不是社会主义与资本主义的本质区别。计划经济不等于社会主义，资本主义也有计划；市场经济不等于资本主义，社会主义也有市场。计划和市场都是经济手段。"

以市场调节为基础，又有政府适当干预的经济制度被经济学家称为混合经济或现代市场经济。混合经济不是计划经济与市场经济的混合，而是对市场经济的改进。当今世界，绝大多数国家是混合经济，但各种混合经济之间也有差别。有一些经济体似乎更接近于计划经济（如朝鲜、古巴），而另一些则更接近于市场经济（如美国、英国）。即便是英国和美国，其市场化程度也不同。比如，在英国，大多数的企业是私有的，但国民保健（医疗卫生服务）却主要是由政府来承担的。在美国，医疗卫生服务的私有化程度则更高。图1-3大致说明了市场在不同国家和地区经济体中所处的角色或市场化程度。

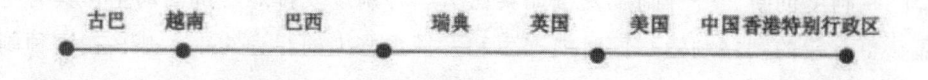

古巴　越南　巴西　　瑞典　英国　　美国　中国香港特别行政区

图1-3　市场在不同国家和地区所处的角色

总之，不同的经济制度由于其运行机制的不同，对三个基本经济问题会有各自不同的解决方式。完全市场经济制度仅通过供求关系的作用和价格调节来解决三个基本经济问题，完全计划经济制度仅强调政府计划的作用，它们各自都存在不足。现代社会的经济制度，没有一个是其中的一种纯粹形式，相反，所有的社会都是带有市场和命令成分的混合经济，从来没有一个百分之百的市场经济（尽管19世纪的英国很接近于此）。混合经济兼具两者的优点，实现对三个基本经济问题的最佳解决。

第四节　市场机制和政府在经济生活中的作用

一、市场机制

在市场经济中，市场如何解决基本经济问题呢？谁解决生产什么、如何生产和为谁生产这三个基本问题呢？你可能十分吃惊地认识到，在市场经济中，任何个人或组织都不负责解决这些经济问题。相反，千百万人在没有统一指挥和统一计划的情况下生产了千百万种商品，千百万个消费者从市场购买各种商品。令人吃惊的答案是，所有这些经济活动都是在没有任何人的强制或统一指挥下通过市场进行的。然而，市场体系并没有产生混乱和无政府状态。市场经济是一个精巧的机构，通过价格和市场体系，无意识地协调着生产者、消费者及其活动。它也是一具传达信息的机器，把千百万个不同的人的知识和行动汇集在一起。在没有集中的智慧或计算的情况下，它解决了一个当今最大的计算机也无能为力、涉及上百万个未知变量和关系的问题。没有人去设计市场，但它相当好地发挥着作用。

历史上关于市场经济有效性的最富戏剧色彩的例子发生于第二次世界大战以后的德意志联邦共和国。1947年，生产和消费都下降到相当低的水平，造成这种崩溃的原因既非轰炸的破坏，也非战后的赔款。显然，市场机制的瘫痪是其主要原因。价格管制和无所不在的政府管理使市场陷入困境。货币不值钱了；工厂由于缺乏原料而关闭；火车由于缺煤而无法运行；由于矿工挨饿，煤不能被开采出来；矿工饿着肚子，是因为农民不愿用食品换取货币，而又没有物品来偿付给他们。市场没有合适地发挥作用，人们不能以自由市场价格购买他们需要的东西或出售他们生产的东西。接着，1948年，政府从控制下解放价格，发行新的货币，很快使得市场机制重新有效地运转。生产和消费立即高涨，生产什么、如何生产和为谁生产的问题再次由市场和价格得到解决。人们把它称为"经济奇迹"，但事实上，经济的恢复是由市场机制顺利运行所带来的。

那么市场如何发挥作用？市场机制如何准确地决定价格、工资和产量呢？从原始意义上讲，市场是买、卖物品的场所。一般来说，市场是一种通过把买者和卖者汇集在一起交换物品的机制。市场可以集中化（如商品期货市场、劳务市场）或分散化（如二手房交易市场）；可以是有形的（如农贸市场），也可能是无形的（如外汇市场）。市场的重要特征在于把买者和卖者带到一起，以确定价格和产量。

在市场体系中，每样东西都有价格，价格就是物品的货币价值。价格代表着价款，消费者和生产者愿意以这一价款交换不同的物品。当我同意以10万元的价格购买一辆二手本田汽车时，这就表明该汽车对于我的价值高于10万元；而对于卖方来说，这10万元高于该汽车的价值。我不能用我的资金购买到比该汽车具有更高价值的东西，卖方也找不到愿意支付更高价款的人。这样，二手汽车市场就决定了二手本田的价格，并通过自愿交易把汽车分配给对其具有最高价值的人。

对于生产者和消费者来说，价格也是一种信号。如果消费者需要某一物品的数量增加，譬如驱动汽车需要的汽油的数量增加，汽油的需求就会上升。当石油公司发现它们的汽油库存减少时，它们会提高汽油的价格以分配有限的供给。同时，较高的价格也将刺激石油产量的上升。

如果某一物品，如汽车，在现行市场价格下供给过剩，那会怎样呢？急于把库存汽车脱手的卖者会降低汽车价格。在较低的价格下，更多的消费者将购买汽车，同时生产者将会制造更少的汽车。从而，在买者和卖者之间将恢复到平衡或均衡。

适用于消费品市场的道理也适用于生产要素市场，如劳动市场。如果需要的是计算机程序员，而不是打字员，那么，计算机程序员就会有更多的就业机会。计算机程序员的价格（如小时工资）也将趋于上升，而打字员的价格则趋于下降。这种相对工资的变化引起工人改变职业，进入正在发展的行业。

在市场上，价格协调着生产者和消费者的决策。较高的价格会减少消费者的购买量，同时刺激生产。较低的价格刺激消费，抑制生产。价格在市场机制中起到了平衡的作用。

在每一时刻，都有无数的因素影响着经济活动。一些人正在购买，而另一些人正在出售；企业正投资于新产品，而政府正在制定控制污染的法律；外国企业正在侵入我们的市场，而美国企业正在把它们的产品出口到我国。然而，在所有的这些混乱之中，市场却正在不断地解决生产什么、如何生产和为谁生产的问题。当市场平衡了所有影响经济的力量时，市场就达到了供给和需求的均衡。什么是市场均衡？市场均衡代表了所有不同的买者和卖者之间的一种平衡。居民和企业愿意购买或出售的数量取决于价格。市场找到了正好平衡买者和卖者愿望的均衡价格。过高的价格意味着产量太多的物品供过于求；太低的价格引起物品的供不应求和短缺。在某一价格下，买者愿意购买的数量正好等于卖者愿意出售的数量，这一价格就产生了供给和需求的均衡。

我们看到了在单个物品的市场上价格如何帮助平衡消费和生产（或供给和需求）。当我们把所有不同的市场——汽油、汽车、土地、劳动、资本和其他任何物品的市场放在一起时，会发生何种情况呢？这些市场形成了一种产生价格和产量的一般均衡的市场机制。

通过使每一市场上的卖者和买者（供给和需求）相等，市场经济同时解决了生产什么、如何生产和为谁生产这三个问题。以下是市场均衡的大致情况。

（1）生产什么东西取决于消费者的货币选票。消费者用他们的货币决定购买什么东西，企业根据消费者的需求，去生产消费者所需要的物品。他们支付给企业的货币最终构成了工资、租金和红利，这些项目又是消费者作为雇员获得的收入。

（2）如何生产物品取决于不同生产者之间的竞争。为了对付价格竞争和取得最大利润，生产者的最佳方法便是采用效率最高的生产方法，以便把成本降低到最低点。生产者在利润的刺激下，会用便宜的生产方法取代费用较高的生产方法。

历史上充满了有效率的技术如何取代费用较高的技术的例子。由于蒸汽每单位有用功的成本更便宜，于是蒸汽机取代了马匹。柴油和电力驱动的机车取代了煤驱动的机车，是由于新技术具有更高的效率。在20世纪90年代，玻璃纤维和光导通讯取代了传统铜质电话线。

（3）为谁生产物品取决于生产要素市场上的供给与需求。要素市场决定了工资率、地租、利息率和利润，这些价格被称为要素价格。把要素取得的所有收益加在一起，我们可以计算出人们的收入。因此，收入在居民之间的分配取决于他们拥有的要素的数量和价格（工资率、地租等）。

但是，收入分配也受到市场之外的许多因素的影响。人们的收入在很大程度上取决于财产所有权（如土地或股票）、先天或后天的个人能力、运气以及种族与性别的歧视程度。

二、政府的经济作用

市场虽然能较好地解决效率和供求平衡问题，但也不是完美无缺的。相反，市场经济在垄断、污染以及失业和通货膨胀中遭受损失；而且在完全自由放任的社会中，收入分配也被认为是不平等的。这就是所谓的市场失灵。为了解决市场机制的这些缺陷，国家在发挥市场的"看不见的手"的作用时，引入了政府的"看得见的手"。在这一部分，我们简短地考察现代经济中政府干预的合理性和方法。

（一）增进效率

市场失灵的原因之一是不完全竞争（垄断）。当企业的数目和竞争的程度大到没有一个企业能够影响物品的价格时，这一市场称之为完全竞争市场，否则就是不完全竞争市场。不完全竞争的极端便是垄断者——只有一个供给者，他自己决定某一物品的价格。垄断者通过控制产量来保持高价格，而消费者支付更高的价格，购买量反而减少。太高的价格和太低的产量这一形式，便是与垄断权力相联系的无效率的标志。

20世纪以来，政府采取了一系列措施以抑制垄断权力。有时，政府管制垄断的价格和利润，现在地方公共事业的情况正是如此。另外，政府通过制定反垄断法来禁止价格控制或市场垄断等行为。

市场失灵的原因之二是外部经济效应。市场交易涉及人们用物品换取货币的自愿交换，是以互惠为基础的，例如，甲为乙提供了物品或服务，甲就有权向乙索取补偿。当人们从事这种需要支付或获取金钱的经济活动时，还可能对其他人产生一些其他的影响，这些影响对于他人可以是有益的，也可以是有害的。然而，无论有益还是有害，都不属于交易关系。这些处于交易关系之外的对他人的影响被称为外部经济效应，也称为经济活动的外在性。

例如某企业把一种有毒的化学物品倒入河流中，对于那些在河流下游捕鱼或游泳的人来说，就造成了损害，而该企业没有向受到水污染的人支付款项。与之相反，养蜂场会使周边地区的果树产量增加，果品品质改善，从而使果农受益，但是果农并不会为此向养蜂场支付任何款项。在这两种情况中，企业（养蜂场）帮助或伤害了市场交易之外的居民，即存在着没有支付款项的经济交易。

随着社会的人口越来越稠密，随着能源、化学和其他原料产量的不断增加，负外部效应已经从微小的麻烦发展成为巨大的威胁。这正是需要政府介入的地方。人们设计了政府管制用以控制外部经济效果，如空气与水的污染、露天开采、危险的废料、不安全的药物与食品、放射性物质等。

批评政府管制的人抱怨政府经济活动不必带有强制性。政府就像家长，总是在说"不"字，你不能雇佣童工，你不能让你的工厂的烟囱喷吐浓烟，你不能出售危险药物，你不能不系安全带就开车等等。与此同时，今天的大多数人则赞成通过政府来减少由市场机制引发的最坏的外部经济效应。

市场失灵的原因之三是公共物品。经济社会生产的产品大致可以分为两类：

一类是私人物品，一类是公共物品。简单地讲，私人物品是只能供个人享用的物品，例如食品、住宅、服装等。而公共物品则可供社会成员共同使用。严格意义上的公共物品具有非竞争性和非排他性。非竞争性是指一个人对物品的享用并不影响另一个人的享用，非排他性是指对物品的享用无须付费。例如国防设施就是公共物品，它带给国家、公民安全，公民甲享用国家安全不会影响公民乙对国家安全的享用，并且人们也无须花钱购买就能享用这种安全。

有些物品和服务是人们共用的，且无须付费，例如道路、广场等。不过，当这些物品的使用人数增加到一定程度后就具有竞争性了，如公路会发生交通拥堵现象。还有些物品和服务虽然可以被共用，但必须付费，如有线电视等。

公共物品的特殊性质给市场机制带来了麻烦。由于公共物品是非排他性的，因而一旦有人购买了公共物品，其他人可以不付任何费用而享受同一公共物品。你在公寓的楼梯上安了一盏灯，其他上上下下的人统统可以借光，他们从过道灯上得到的好处，并没有因为不付钱而有丝毫的减少，这样就产生所谓"搭便车"的问题。不购买也同样能享用公共物品，那为什么还要自己掏钱买呢？如果每个人都想搭别人的便车，期待他人购买公共物品，结果便是没有公共物品。这便是"三个和尚没水吃"的故事所揭示的道理，也是公房楼梯一片漆黑的原因。显然，分散决策在这里失灵了。让住户各自安装楼梯过道灯，结果便是没有人安装过道灯。

通过市场机制来供应公共物品还有另外一个问题。公共物品一旦供应多了，多人享用的边际成本为零。消费者从公共物品里得到一定的效用，而其消费的边际成本为零，从效率的角度看，应该让所有的人都免费享用公共物品。以任何方式排斥一部分人享用公共物品都会造成效率损失。于是市场机制碰到了难题：从效率角度出发，公共物品应该免费供应，但要是消费公共物品一分钱也不付，那又如何来支持公共物品的成本呢？由于无法收回成本，便无利润可言，企业是不会提供公共物品的。

总之，分散决策的市场机制对公共物品的配置无能为力，只能由政府来提供。现实中许多公共物品都是由政府来提供的，当然还包括一些其他方式。国防由中央政府提供，其费用则通过税收筹集。街灯、地方治安则由地方政府安排，其费用也靠税收来支付。一些居民大楼的过道灯则由居委会或其他管理机构统一安装维护，费用由各家各户分摊。

政府必须寻找收益来源，以支持它的公共物品。这些收益来自于税收，即对个人和公司的收入、产品的销售和其他项目所征收的税收。税收听起来像另一种"价格"，在本例中它就是我们为公共物品支付的价格。但税收与价格存在着一种重要差异，税收并不是自愿支付的。每个人都要服从税法，我们都有义务支付一部分公共物品的成本。

(二) 改善平等

我们对于市场失灵（如垄断或公共物品）的讨论集中在市场的配置功能的缺陷上，即能够通过审慎的干预予以纠正的缺陷。但是即使经济体系像我们刚才假设的那样完美地运转，它仍然可能导致一种无效率的后果。一个完全自由放任的市场经济可能产生不可接受的、极大的在收入与消费上的不平等。

为什么市场机制对于为谁生产的问题提供了一种不可接受的解答呢？其原因在于：收入取决于财产的继承、先天或后天的个人能力、运气、种族与性别的歧视等等。由此导致的收入分配可能与公平结果不相一致。另外，物品跟随的是货币选票，而不是最大的需要。一个富人的猫喝到的牛奶，也许正是一个穷人的孩子维持健康所必要的。之所以发生这种情况，是因为市场失灵吗？根本不是，因为市场机制正在完成它的工作，即把物品交给那些有货币选票的人。如果一个国家花费在宠物食品上的支出高于它花费给穷人在高等教育上的支出，那么，这是收入分配的缺陷，而不是市场的过错。甚至最有效率的市场体系也可能产生极大的不平等。

收入不平等可能在政治上或道德上是不能接受的。一个国家没有必要把竞争市场的结果作为既定的和不可改变的事实接受下来；人们可以考察收入分配，并判断它是否合理。如果一个民主社会不喜欢自由放任的市场体系下货币选票的分配，那么它能够采取一些措施改变收入分配。

如果政府决定降低收入分配的不平等，那么可以使用哪些方法呢？首先，它可以采用累进税制，征收的税款对富人收入的比例要高于对低收入者的比例。我国的个人所得税就是这种带有收入再分配性质的累进税制的例子。其次，由于低税率并不能帮助那些根本没有收入的人，因此政府在最近几十年建立起了一套转移支付制度，即对于私人的货币支付。转移支付的对象包括老、弱、病、残和拖儿带女的人，并且为失去工作的人建立了失业保险制度。这套转移支付制度提供了"安全网"，保护不幸者免于经济灾难。最后，政府有时对低收入阶层的消费给予补贴，向他们提供医疗补贴和廉租房等。

(三) 宏观经济的增长与稳定

除了增进效率与平等之外，政府还承担了促进经济增长和稳定经济的宏观经济职能。政府为促进经济增长和生产率的长期目标，设计了宏观经济政策，包括财政政策（税收政策和支出政策）和货币政策。

财政政策就是运用政府开支与税收来调节经济。具体来说，在经济萧条时期，总需求小于总供给，经济中存在失业，政府就要通过扩张性的财政政策来刺激需求，以实现充分就业。扩张性的财政政策包括增加政府支出与减税。政府公共工程支出与购买的增加有利于刺激私人投资，转移支付的增加可以增加个人消费，这就会刺激总需求。减少个人所得税（主要是降低税率）可以使个人可支配收入增加，从而消费增加；减少公司所得税可以使公司收入增加，从而投资增加，这样也会刺激总需求。

货币政策是通过中央银行调控货币供应量来促进经济增长和稳定。在经济萧条时期，中央银行通过扩张性的货币政策（增加货币供应量）来刺激需求；反之，在经济繁荣时期，总需求大于总供给，经济中存在通货膨胀，政府则要通过紧缩性货币政策（减少货币供应量）来压抑总需求，以实现物价稳定。紧缩性的财政政策包括减少政府支出与增税，政府公共工程支出与购买的减少有利于抑制投资，转移支付的减少可以减少个人消费，这样就压抑了总需求。

第二章 经济活动的基本规律

第一节 稀缺性规律

一、资源的稀缺性

人类为了谋生,需要各种各样的有用物品,并且人们的这种需要又表现出无限性倾向。同时人们又发现满足这类无限需要的资源又总是有限的,具有稀缺性的特点。

所谓稀缺性不是指资源绝对数量的多少,而是相对于人类需要的无限性,再多的资源也是不足的,它具有一种相对稀缺性。

正是资源的相对稀缺性和人类需要的无限性之间的矛盾,使得人们不得不对有限资源做出最优的配置和利用。这就出现一个选择问题。所谓选择,包括:第一,如何利用现有的经济资源;第二,如何利用有限的时间;第三,如何选择满足欲望的方式;第四,在必要时如何牺牲某种欲望来满足另外一些欲望。它所要解决的问题是:①生产什么物品与劳务,生产多少;②如何生产这些物品与劳务;③为谁生产这些物品和劳务。资源的稀缺性以及由此引起的选择就成了人们日常经济活动经常要考虑的基本问题。

二、可能性曲线

在探讨经济学的定义中,我们指出,在经济物品稀缺性的前提下,社会必须作出选择,以确定生产什么、如何生产、为谁生产、如何充分利用经济物品等经济问题。这些问题归根结底是确定社会经济活动的目标以及为实现这些目标使用的手段。如何说明这些选择,经济学家们使用生产可能性曲线。

生产可能性曲线是指社会在既定的经济资源和生产技术条件下所能达到的两种产品最大产量的组合。

在现实的经济社会中总是存在着大量的人口、一定数量和一定技术水平的工厂、土地以及其他自然资源，产品的种类也是多种多样的。这样，在考察该社会的资源配置和利用问题时，在方法上就显得极为复杂。为了简化分析，经济学家在使用生产可能性曲线时，假设该社会的经济资源和生产技术既定不变并得到充分利用，只生产两种产品X和Y。这样该社会必须在X和Y两种产品生产上进行选择，或者全部生产X，或者全部生产Y，或者生产X和Y的某种可能的组合，该社会生产X和Y的组合假设有A、B、C、D、E、F六种，如表2-1所示，纵轴为Y产品，横轴为X产品。运用图表中的数据，连接上述各点我们可以得到一条生产可能性曲线，如图2-1。

表2-1 产品组合

可能性	X产品	Y产品	可能性	X产品	Y产品
A	0	15	D	3	9
B	1	14	E	4	5
C	2	12	F	5	0

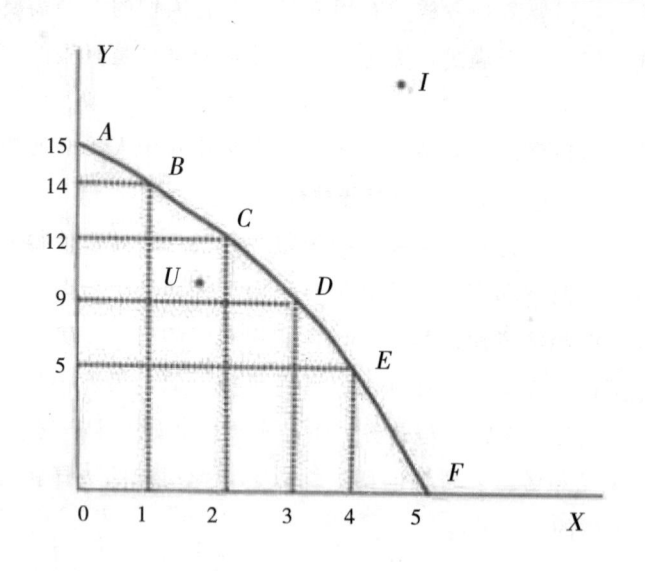

图2-1 生产可能性曲线

在生产可能性曲线内部如U点，表示经济资源没有得到充分利用，比如存在失业。如果社会使用了这部分资源，比如从U点移向D点，就可以得到更多的X和Y产品。这说明生产可能性曲线是社会有效率生产的点，而在生产可能性曲线之内的任何地方则是社会生产低效率点。而在生产可能性曲线以外的地方，则为社会生产不可及点如I点。社会尽管希望能够生产更多的X和Y产品，但是缺乏足够的生产手段，从而无法实现这些经济目标。社会无法在生产可能性曲线之外进行生产，强调了经济物品和资源的稀缺性，社会必须承认这种稀缺，并且在面临稀缺的情况下寻求分配资源的途径。

三、机会成本

由于资源是稀缺的，因此必须在生产什么、生产多少上做出选择，是生产X商品，还是生产Y商品。事实上，生活中充满了选择，我们必须不断地决定用有限的时间和收入去做什么。我们应当去看电影还是读书呢？我们应当去欧洲旅行还是购买一辆汽车呢？在大学毕业之后，我们应当上研究生、职业培训，还是开始工作呢？在每一种情况下，在具有稀缺性的世界里作出一个选择就意味着我们必须放弃其他事情，实际上，我们付出的代价是做其他事情的机会。所放弃的选择被称为机会成本。

举一个简单的例子。譬如说，在花费了必要的开支之后，你的收入为1000元。用这些钱，你可以或者去北京旅行，或者买一台电视机。如果你决定去北京旅行，那么，你去北京旅行的机会成本是享受一台电视机所带来的满足。

机会成本的概念也可以用生产可能性边界加以说明。看一看图2-1中的生产可能性边界。假设，该国决定把其产品Y的生产从9个单位增加到12个单位，即从边界上的D点移动到C点。这一决策的机会成本为多少呢？其机会成本是为生产添增的产品Y而必须放弃的产品X。在本例中，3个单位产品Y的机会成本是很容易看出的，它等于1个单位的产品X的价值。

决策的机会成本产生的原因在于，在稀缺性的世界里选择一种东西意味着放弃其他的东西。机会成本也就是所放弃的物品或劳务的价值。

机会成本的概念给我们一个有用的提示，即实际货币支出并不总是真实成本的准确衡量指标。例如，如果政府决定通过一个公园修筑一条高速公路，需要征用的土地在支出额或预算成本上看起来是廉价的。但是，使用公园土地的机会成本可能是高昂的，这是因为，人们可能能享受到的野餐、散步或野营旅行便会减少。

机会成本的另一个重要例子是上大学的成本。如果你上一所公立大学，你或许会计算学费、住宿、伙食、书籍和运动的总成本，在1998年这一成本大约为10000元。这是否意味着你上学的机会成本为10000元呢？显然不是！你必须把花费在学习和上课的时间的机会成本也包括在内。1998年，一个19岁的高中毕业生的专职工作，从平均水平上说其收入大约为16000元。如果我们把实际支出和放弃的收入加在一起，我们就会发现，上大学的机会成本为26000元（10000元+

16000元），而不是每年10000元。

在生产可能性曲线上可以看到社会资源配置的各种可能的途径。这种情况表明，只要资源有限并且被有效地利用，那么一种商品的增加就意味着另一种商品的减少。社会在这种状态下进行选择以确定X和Y的最佳组合点。当社会选定了一点时，则生产什么、生产多少就确定下来了，它或者选择D点，或者选择E点。如果社会选择了曲线上的某一特定点，也就同时确定了如何生产，因为对应于曲线上的任何点，都有一定数量的工人在不同行业工作，表示同数量的工人和机器的各种有效率的组合方法。生产可能性曲线无法直接用于说明为谁生产，但是我们可以运用生产可能性曲线看到该社会的生产目的，运用两种产品的比例大小推测该社会收入分配公平状态。

第二节 边际收益递减规律

一、边际收益递减规律的含义

边际收益递减规律又称边际效益递减规律，或边际产量递减规律，指在短期生产过程中，在其他条件不变（如技术水平不变）的前提下，增加某种生产要素（这种要素的投入数量可以改变，所以我们称之为可变要素）的投入，当该生产要素投入数量增加到一定程度以后，增加一单位该要素所带来的效益增加量是递减的。

比如，在农田里撒化肥可以增加农作物的产量，当你向一亩农田里撒第一个100kg化肥的时候，增加的产量最多；撒第二个100kg化肥的时候，增加的产量就没有第一个100kg化肥增加的产量多；撒第三个100kg化肥的时候增加的产量就更少。也就是说，随着所撒化肥的增加，增产效应却越来越低。

边际收益递减是经济学的一个基本概念，是指在一个以资源作为投入的企业，单位资源投入对产品产出的效用是不断递减的，换句话说，就是虽然其产出总量是递增的，但其递增速度不断变慢，使得其最终趋于峰值，并有可能衰退，即可变要素的边际产量会递减。

需要说明的是，边际收益递减规律要发生作用必须具备以下三个前提条件。

（1）生产要素投入量的比例是可变的，即技术系数是可变的。这就是说，在保持其他生产要素不变而只增加其中某种生产要素投入量的时候，边际要素收益才发生递减，如果各种生产要素的投入量按原比例同时增加时，边际收益不一定递减。

（2）技术水平保持不变，如果技术水平提高，在保持其他生产要素不变而增加某种生产要素时，边际收益不一定递减。

（3）所增加的生产要素具有同样的效率，如果增加的第二个单位的生产要素比第一个单位的增加更为有效，则边际收益不一定递减。

二、边际收益递减的原因

随着可变要素投入量的增加，可变要素投入量与固定要素投入量之间的比例在发生变化。在可变要素投入量增加的最初阶段，相对于固定要素来说，可变要素投入过少，因此，随着可变要素投入量的增加，其边际产量递增，当可变要素与固定要素的配合比例恰当时，边际产量达到最大值。如果再继续增加可变要素投入量，由于其他要素的数量是固定的，可变要素就相对过多，于是边际产量就必然递减。

三、边际效用递减规律

边际收益递减规律不仅在生产领域存在，而且在消费领域同样成立。当我们越来越多地消费同一种物品时，获得的额外或边际满足程度会下降。例如当一个人很饿时，吃第一个面包给他带来的效用很大，随着他所吃面包数量的连续增加，他的满足的感觉会减弱。一般来说，在一定时间内，在其他商品的消费数量保持不变的条件下，随着消费者对某种商品消费量的增加，消费者从该商品连续增加的每一单位中所得到的效用增量即边际效用是趋于下降的。英国经济学家阿菲里德·马歇尔把这一倾向称作边际效用递减规律。如上例，虽然某人连续吃面包的总效用在不断增加，但每一个面包给他所带来的效用增量即边际效用却是递减的。当他完全吃饱时，面包的总效用达到最大，而边际效用却降为零。若他继续吃面包，就会感到不适，这意味着面包的边际效用进一步降为负值，总效用也开始下降。

第三节 分工理论和专业化

一、劳动分工

分工理论是经济学研究的重要组成部分。英国古典经济学大师亚当·斯密在其1776年出版的《国富论》中，以做扣针为例详细阐述了劳动分工对提高劳动生产率和增进国民财富的巨大作用。他指出，扣针的制作可以分为18个工序（抽铁线、拉直、切截、一头磨尖、一头磨平、做圆头、安装圆头、涂白色、包装等），如果18种工序由一个人完成，一天做不出20枚，甚至一枚也做不出来；如果每人做一个或几个工序，就会做很多枚。一个小工厂，每人做2~3个工序，平均每人成针4800枚。可见分工可以提高劳动生产率。

亚当·斯密认为分,工之所以能大幅度地提高生产效率，原因主要有三点：一是分工有利于增进劳动者熟练程度，势必增加他所能完成的工作量；二是分工使劳动者节省了由一种工作转到另一种工作损失的时间，从而受益；三是分工的结果往往导致许多机械的发明，从而简化和节省劳动。

分工还可以减少劳动监督成本。分工程度较高时，个人责任清楚，工作内容简单，易监督，监督成本相应较低。相反，分工程度低，单个工人从事劳动内容复杂，监督难度加大，监督成本上升。

亚当·斯密最早提出了分工论，在当时起了很重要的作用，因为分工可以提高效率，所以到20世纪初，亨利·福特就把生产一辆车分成了8772个工时。分工论成为统治企业管理的主要模式。

二、劳动分工对提高劳动生产率的消极作用

（一）分工对劳动环境的不利影响

高度分工使工作变得单调，工作易疲劳，易导致工作效率下降，职工还会对工作环境、企业产生厌恶和敌对的情绪，合作意愿下降。与丰富有趣的工作相比，单调的工作意味着较恶劣的工作环境，职工为同等劳动付出的代价相应增加。

（二）分工对工人和企业应变能力的不利影响

高度分工降低了工人对整个生产过程之间关系的了解，应变和自动协调能力下降。这样有两个坏处：一是损失工作时间，二是增加管理人员。高度分工影响个人应变能力，也会导致企业整体应变能力下降。

（三）高度分工对劳资关系的不利影响

高度分工容易造成对企业中下层员工不利的分配关系。对于以最大利润为目标的企业来说，是否可取，要视外部环境——市场条件而定。

三、国际分工

国际分工指世界上各国（地区）之间的劳动分工，是国际贸易和各国（地区）经济联系的基础。它是社会生产力发展到一定阶段的产物，是社会分工超越国界的结果，是生产社会化向国际化发展的趋势。

按参加国际分工的国家的自然资源和原材料供应、生产技术水平和工业发展情况的差异来分类，可划分为三种不同类型的国际分工形式。

（一）垂直型国际分工

经济技术发展水平相差悬殊的国家（如发达国家与发展中国家）之间的国际分工。垂直分工是水平分工的对称。它分为两种：一种是指部分国家供给初级原料，而另一部分国家供给制成品的分工形态，如发展中国家生产初级产品，发达国家生产工业制成品，这是不同国家在不同产业间的垂直分工。一种产品从原料到制成品，需经多次加工。经济越发达，分工越细密，产品越复杂，工业化程度越高，产品加工的次序就越多。加工又分为初步加工（粗加工）和深加工（精加工）。只经过初加工的为初级产品，经过多次加工最后成为制成品。初级产品与制成品这两类产业的生产过程构成垂直联系，彼此互为市场。另一种是指同一产业内技术密集程度较高的产品与技术密集程度较低的产品之间的国际分工，或同一产品的生产过程中技术密集程度较高的工序与技术密集程度较低的工序之间的国际分工，这是相同产业内部因技术差距所引致的国际分工。从历史上看，19世纪形成的国际分工是一种垂直型的国际分工。当时英国等少数国家是工业国，绝大多数不发达的殖民地、半殖民地成为农业国，工业先进国家按自己的需要强迫落后的农业国进行分工，形成工业国支配农业国，农业国依附工业国的国际分工格局。迄今为止，工业发达国家从发展中国家进口原料而向其出口工业制成品的情况依然存在，垂直型的国际分工仍然是工业发达国家与发展中国家之间的一种重要的分工形式。

（二）水平型国际分工

经济发展水平相同或接近的国家（如发达国家以及一部分新兴工业化国家）之间在工业制成品生产上的国际分工。当代发达国家的相互贸易主要是建立在水平型国际分工的基础上的。水平分工可分为产业内与产业间水平分工。前者又称为"差异产品分工"，是指同一产业内不同厂商生产的产品虽有相同或相近的技术程度，但其外观设计、内在质量、规格、品种、商标、牌号或价格有所差异，从而产生的国际分工和相互交换，它反映了寡头企业的竞争和消费者偏好的多样化。随着科学技术和经济的发展，工业部门内部专业化生产程度越来越高，部门内部的分工、产品零部件的分工、各种加工工艺间的分工越来越细。这种部门内水平分工不仅存在于国内，而且广泛地存在于国与国之间。后者则是指不同产业所生产的制成品之间的国际分工和贸易。由于发达资本主义国家的工业发展有先有后，侧重的工业部门有所不同，各国技术水平和发展状况存在差别，因此，各类工业部门生产方面的国际分工日趋重要。各国以其重点工业部门的产品去换取非重点工业部门的产品。工业制成品生产之间的分工不断向纵深发展，由此形成水平型国际分工。

（三）混合型国际分工

混合型国际分工是把"垂直型"和"水平型"结合起来的国际分工方式。德国是"混合型"的典型代表。它对第三世界是"垂直型"的，向发展中国家进口原料，出口工业品，而对发达国家则是"水平型"的。在进口中，主要是机器设备和零配件。其对外投资主要集中在西欧发达的资本主义国家。

第四节 规模经济理论

规模经济理论是经济学的基本理论之一，也是现代企业理论研究的重要范畴。按照权威性的包括拉夫经济学辞典的解释，在给定技术的条件下（没有技术变化），对于某一产品（无论是单一产品还是复合产品），如果在某些产量范围内平均成本是下降或上升的话，我们就认为存在着规模经济（或不经济）。

规模经济产生的原因主要有：①专业化，从亚当·斯密的著作开始，人们认识到分工可以提高效率。规模越大的企业，其分工也必然是细的；②学习效应，随着产量的增加，可以工人使熟练程度增加，提高效率；③可以有效地承担研发费用等；④运输、订购原材料等方面存在的经济性；⑤价格谈判上的强势地位；⑥平均可变成本（AVC）随着产量增加而下降，例如，天然气管道的输送能力取决于管线的横截面面积，这一面积随着横截面半径的平方的增加而增加。

通常，企业生产规模扩大，最初会出现规模经济，再出现规模报酬不变，最后出现规模不经济，因此，长期成本曲线（LAC）是一条U形线。对于U形LAC曲线，产量不同，平均生产成本也不同，最佳工厂规模是唯一的，只有选择最佳工厂规模才能使长期平均成本最低。最佳工厂规模或最低有效规模（MES）就是实现单位成本最低的最小规模。而很多行业呈锅底形LAC曲线见图2-2（a）。在该行业中，随着工厂规模的扩大，很快就获得规模经济，而在达到一定程度之前，都不会出现规模不经济。有些行业（通信、电话服务、网络、计算机软件）在非常大的产量范围内存在规模经济见图2-2（b），LAC曲线呈L形。这意味着在该行业中，产量水平不同的大中小企业可以并存。

但是，长期平均成本的降低不会一直持续，当规模继续扩大时，一定会达到一点，在这一点上，规模的经济因素和非经济因素会相互抵消。过了这一点，会出现规模不经济。

规模不经济是指企业由于规模扩大使得管理无效率而导致长期平均成本增加的情形。如厂商在增加一倍的各种投入要素后，产量的增加却达不到一倍。同样由于假定要素价格不变，所以，规模不经济就是指要投入双倍的成本却没有得到双倍的产出。规模不经济产生的原因，主要是由于企业规模过大，造成管理人员沟通协调问题而使管理成本上升、管理效率降低、内部官僚主义、职工士气低下、决策失误等，这些都使得长期平均成本上升。

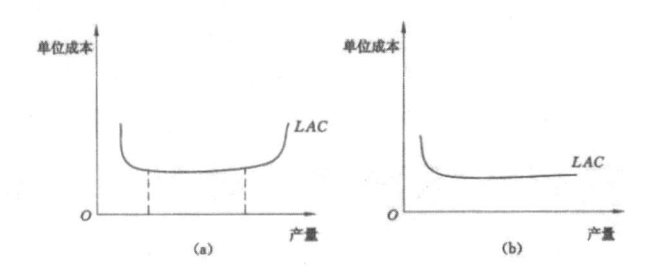

图 2-2　LAC 曲线（a）锅底形 LAC 曲线；（b）L 形 LAC 曲线

如果只有规模经济，我们所能看到的是每个行业只有一家公司；如果只有规模不经济，我们所能看到的则都是一人公司的经济。实际上，我们所看到的是既有规模经济又有规模不经济的不同情况。在过去几十年里，美国经济出现了许多规模经济显著的初创企业，比如说英特尔（生产微型CPU）、星巴克（经营咖啡）、微软（软件制作）、戴尔（电脑制作）、雅虎（互联网搜索引擎）等公司。但是美国通用汽车公司（GM）正在被规模不经济的现实所困扰。与竞争对手相比，通用汽车公司规模过大，造成成本上升，目前它正在创立五个汽车分部，以减少决策制定过程中的管理审批层次，试图以此降低成本。

第三章　标准化绩效管理概述

第一节　标准化绩效管理

标准化绩效管理需要建立在科学规范的管理基础之上，层次分明的组织架构、权责匹配的岗责体系、规范的业务流程和操作标准、明确的过程节点和控制规则，都是实施绩效管理的重要基础。因此，推行标准化绩效管理，必须以夯实基础要件为前提。

一、标准化绩效管理的概述

（一）基础要件概览

1. 主要内容

（1）优化内部机构职能和业务流程；

（2）建立完善的岗责体系；

（3）编制标准化管理体系文件。

目的是实现岗位不叠加、职责不缺失、业务不漏项、环节有链接，为推行标准化绩效管理铺就"高速路"。

2. 职责分工

（1）人事教育处负责机构优化、组织岗责体系建设工作。

（2）办公室、核心业务单位（处室）负责流程再造工作。

（3）绩效办负责标准化管理的组织实施。

（4）各单位（处室）负责本单位（处室）流程再造、岗责体系建设及标准化管理体系文件的编写工作。

（二）职能优化和流程再造

1. 职能优化

（1）人事教育处根据改革要求、形势变化等，研究提出包括机构设置、职能调整、编制和领导职数配置、人员安置等相关内容的意见建议。

（2）报经领导研究同意后，报上级审批。

（3）接到批复文件后，按规定程序和要求组织实施。

例：根据职能定位和总体要求，按照上下对口、配置科学、协调制衡的原则，对各个内设机构进行了调整，充分考虑工作任务的难易程度和工作量，合理划分职权和责任，相对均衡配置职责，同时建立健全了决策权、执行权、监督权相互衔接、相互制约的运行机制，有效解决了部门内部职责交叉、机构重叠、衔接断档等问题，明晰了职责任务。

2. 流程再造

由核心业务单位（处室）会同办公室，组织各单位（处室）系统梳理各项业务流程，在分解和诊断的基础上，重新设置管理环节，明确管理责任，简化办事程序，缩短办事时限，提高工作效率。

例：制定预算管理业务流程和职责划分规范，按照预算编制、执行、调整、决算、监督、公开的基本流程进行框架设计，涵盖每项流程的具体业务；建立了深化改革、依法行政等各项重大事项协调机制，使各单位（处室）的职责更加清晰，协调配合更加顺畅；制定了以内部控制基本制度为核心、专项风险防控管理办法为主要内容的一整套内控制度，有效防范了在政策制定、资金管理、财务运转等过程中的风险点。

（三）岗责体系建设

人事教育处组织各单位（处室）根据"三定方案"确定的单位（处室）职责，明确岗位设置，清晰界定单位（处室）和岗位的工作职责、工作内容、工作权限，综合考虑工作量和工作难度，以事定岗、以岗定责，逐岗位编写《任职资格和标准书》。《任职资格和标准书》由单位（处室）主要负责人审核、人事教育处复核后，报经党组会研究通过后印发执行。

例：按照"以责设岗、因岗定标、人岗匹配"的原则，对各单位的部门职责、岗位设置、任职资格和标准进行认真研究，通过制作模板范例、印发通知、现场指导等形式，全力推进岗责体系设置工作。经过"四上四下"的修改完善，逐步健全了岗责体系，设置的岗位，明确岗位职责、任职资格和标准。

（四）编制体系文件

绩效办组织各单位（处室）依各自职责、按照国际通行的质量管理标准，梳理工作任务清单、编制作业指导书（业务流程）等标准化管理体系文件，为标准化绩效管理提供严密规范的"高速轨道"和节点控制规则。

标准化管理体系文件包括管理手册、程序文件、作业指导书等。其中，管理手册由绩效办组织编写，管理者代表审核，部门主要负责人批准；程序文件由有关单位（处室）负责编写，分管领导批准；作业指导书由各单位（处室）负责编写，所在单位（处室）主要负责人批准。

例：某省财政厅《请示汇报作业指导书》

1. 目的

为提高效率，规范请示汇报工作程序，制定本作业指导书。

2. 适用范围

适用于厅领导、厅各单位和各市县财政局日常工作请示、领导干部外出请示以及重大事项的处理请示等。

3. 依据文件

《某财政厅工作规则》（x财办［20xx］x号）。

4. 术语和定义

无。

5. 职责

各位厅领导、厅各单位负责各自职权范围内请示汇报等相关工作。

6. 作业要求

（1）一般性要求

a）厅领导、厅各处室、单位根据工作性质、工作流程和权限做好日常工作的请示汇报：

分管厅领导向厅主要负责同志请示汇报工作；

厅各单位向分管厅领导请示汇报工作；

各市县财政局向厅领导、厅内各单位请示汇报工作。

b）请示汇报工作应遵守逐级上报的原则：

一般情况下，不准越级请示工作，不准一事多头请示；遇特殊情况需越级请示的，事后要向上一级有关领导说明情况。

c）一般事项在工作时间内请示，重大紧急事项可即时请示；

d）日常请示以《厅内情况报告》书面请示为原则；重大紧急事项或来不及书面请示的，可以当面或电话请示。

请示工作前应深入了解，充分掌握情况；

请示工作应有的放矢，简明扼要；

e）多个单位先后向同一位厅领导当面请示工作时，每个单位原则上不超过15

分钟。

（2）具体要求

①厅领导请示汇报

a）各位分管厅领导对所分管工作的主要情况和重大问题，要及时向厅主要负责同志报告；

b）各位分管厅领导对所分管工作遇有重大问题或应当由厅长决定的事项，要及时提出意见，请示厅长审定；

c）厅长认为需要与有关同志商定或召开会议决定的，商定或会议研究后决定。

②厅内各单位请示汇报

a）厅内各单位副职对所分管的工作要每月向正职汇报；

b）厅内各单位副职对所分管的工作遇有重要问题或需要由正职审定的事项，要及时提出意见，请示正职审定；

c）厅内各单位负责人认为需要召集本单位人员集体研究或请示分管厅领导审定的，组织会议研究或报请批准。

③各市县财政局向厅领导、厅内单位请示汇报

a）应根据要求，做好日常的请示汇报工作；

b）遇有重要事项需当面请示汇报时，应至少提前1个工作日进行预约，其中：须向厅领导当面请示汇报时，应和厅办公室主任或厅长值班室联系预约；须向厅内各单位当面请示汇报时，应和相关单位负责人联系预约。

④参加会议、活动请示汇报

a）厅内各单位负责人代表省财政厅参加上级机关及有关部门召开的会议，除会议期间对涉及决策的重大问题及时请示外，会后应在3个工作日内向分管厅领导汇报会议主要内容；对需要我厅办理的事项，应在3个工作日内提出具体意见，及时向分管厅领导或厅主要负责同志请示。

b）厅内各单位负责人到上级机关汇报工作，应至少提前1个工作日向分管厅领导或厅长请示，事后要在3个工作日内向分管厅领导或厅主要负责同志汇报情况。

⑤厅领导、各单位负责人出差、出国（境）请示汇报

a）各位分管厅领导出差，应至少提前1个工作日请示厅主要负责同志批准，并将到达地点、联系方式、回机关时间等告知厅长值班室；

b）厅内各单位负责人出差，应至少提前1个工作日请示分管厅领导和厅主要负责同志批准，并告知厅办公室；出差返回后，1个工作日内告知厅办公室并向分管厅领导汇报出差办理的事项，重要工作要在3个工作日内提交书面汇报材料；

c）厅领导、厅内各单位人员出国（境），按规定报批。遵守《出国（境）管理作业指导书》。

⑥财政部、其他省市财政厅（局）和省直其他部门来人请示汇报

a）财政部司局级以上领导来我省视察指导工作或其他省市财政部门领导到我省学习考察，负责对应联系接待单位应至少提前1个工作日向分管厅领导或厅主要负责同志汇报，并与厅办公室主任沟通有关情况；

b）财政部副部级以上领导来省视察指导工作，由厅办公室负责向省政府报告；

c）省直其他部门来厅办事，需面见厅领导的，由厅办公室主任或厅长值班室即时向有关厅领导请示后办理。

7. 相关文件

a）《出国（境）管理作业指导书》；

b）《内部沟通控制程序》。

8. 相关记录

《厅内情况报告》。

二、标准化绩效管理的具体内容

标准化绩效管理是以标准化为基础、以"四环节"为核心、以沟通为主线、以信息系统为支撑、以结果应用为保障的全过程管理。"四环节"即绩效计划、绩效监控、绩效考评、绩效改进；"一主线"即将绩效沟通贯穿管理全过程，强调全员参与、民主决策，管理过程环环相扣、紧密相连、持续运转，形成自我改进、自我优化、自我完善的有机循环系统。

（一）职能优化和流程再造

职能优化就是按照改革要求调整理顺内部机构的职能，明晰各单位（处室）职责任务，解决内部机构重叠、职能交叉、衔接断档等问题。业务流程再造就是在分解和诊断原有业务流程的基础上，重新设计管理过程，全面确认作业流程。通过流程再造，明确每一项业务如何运作，涉及因何而做、由谁来做、如何去做、做到什么程度、做完了传递到哪几个方面的问题，简化办事程序、缩短办事时限、提高办事效率。

（二）建立健全岗责体系

岗位职责是指一个岗位所要求的需要去完成的工作内容以及应当承担的责任范围。通过建立健全岗责体系，明确岗位设置，清晰界定单位（处室）和岗位的工作职责、工作内容、工作权限，综合考虑工作量和工作难度，以事定岗、以岗

定责，科学编写职责明确、权责协调的岗责体系和任职资格体系，实现人员、能力与工作任务合理匹配。

（三）全面实施标准化管理

标准化管理是在机关内部行政管理活动中，依照ISO9000系列标准对重复性事务制定、发布和实施"标准"，实现行政管理行为的规范统一，以获得最佳的管理秩序和管理效能。通过全面实施标准化管理，将各项业务管理流程以标准化制度的形式固定下来，明确每项工作需要多少环节、每个环节的时间和质量要求是什么等内容，实施全过程控制，建立起秩序井然、高效运转的内部管理机制，实现"全员、全覆盖、全过程"的管理，为标准化绩效管理夯实基础。

第二节 标准化绩效管理的基本环节

标准化绩效管理以"目标引导、过程控制、持续改进、整体提升"为特征，对部门内各单位（处室）及其工作人员政策执行、岗位履职、目标完成等方面进行全面系统的管理，管理内容涵盖工作中的各个方面和环节，包括基本职责、要点工作、创新工作、上级部署工作、特别加扣分项目、单位党风廉政建设和个人德勤廉情况等。从流程来看，标准化绩效管理以组织战略目标为起点，是由绩效计划、绩效监控、绩效考评、绩效改进四个相互联系、相互依存的核心环节组成的循环系统，并以绩效沟通为贯穿全过程的主线，环环相扣，协调运转，实现持续改进、螺旋上升。其"四环节"的主要流程和工作内容包括以下内容。

一、绩效计划

绩效计划是标准化绩效管理的起点和管理循环中的首要环节。制定绩效计划就是各级领导干部和广大干部职工共同讨论确定，在一个管理周期（一般为1年）内应该完成什么工作和达到什么程度的过程，也就是确定绩效目标指标、约定完成标准的过程。每年年初，各单位（处室）依照本部门战略目标、年度工作要点和岗位职责，以标准化管理为基础，通过全员参与、双向沟通来设定一致认同的绩效目标，并按照"目标导向，指标支撑"的原则，将每个目标分解细化成符合实际的若干绩效指标，从而形成单位（处室）和岗位（个人）绩效计划，达成目标共识。单位（处室）绩效计划来源于两大渠道：第一，将部门年度目标（从部门中长期战略目标分解形成）分解为单位（处室）年度目标，提炼出单位（处室）关键绩效指标（KPI），纳入单位（处室）绩效计划；第二，将部门主要职责分解为单位（处室）主要职责，提炼出单位（处室）职责指标，纳入单位（处室）绩效计划。岗位（个人）绩效计划也来源于两大渠道：第一，将单位（处室）年度目标分解为岗位（个人）年度目标，提炼出岗位（个人）关键绩效指标（KPI），纳入岗位（个人）绩效计划；第二，将单位（处室）主要职责分解为岗位（个人）主要职责，提炼出岗位（个人）职责指标，纳入岗位（个人）绩效计划。这种层层分解的方式把组织职责、战略目标转化为个人的自觉行动，保证组织和个人一个方向、一个步调、一个声音，切实解决了指令层层衰减、计划与执行"两张皮"的问题；这种指标到人的方式实现了"千斤重担众人挑，人人头上有指标"，使每名干部职工清楚自己的职责、工作及完成标准，只要大家都能按时保质保量完成自己的绩效指标，组织目标自然就可以顺利实现。需要说明的是，绩效计划一经确定，不能随意变更，确需调整的，须在规定的时间、按规定的程序变更。

二、绩效监控

绩效监控主要是对绩效计划落实的指导和监督，是绩效目标指标正确理解和有效执行的关键环节。绩效监控主要包括绩效辅导、过程管理和绩效提醒三项内容。其中，绩效辅导主要是对标准化绩效管理体系各项内容的培训、解读和指导，方式包括业务培训、会议传达、工作面谈、平台交流等多种形式。过程管理主要是对绩效目标指标执行情况进行过程考量和节点控制，实行"周记录、月计划、月小结"的控管模式，可以全面掌握各项业务工作完成情况，并了解当前和今后一段时期需要开展的业务工作。绩效提醒是对绩效目标指标执行以及其他相关工作不到位的情况做出提醒或督导。绩效提醒分为自动提醒和人工提醒，自动提醒由标准化绩效管理信息系统实现；人工提醒则包括组织或者各级领导根据工作情况对干部职工随时开展的提醒，以及标准化绩效管理机构定期开展的提醒。在一个完整的管理循环中，有效的绩效监控可以全面监测各级绩效目标指标的进展和完成情况，及时发现并解决执行过程中出现的问题与偏差。

三、绩效考评

绩效考评是绩效管理的重要内容和实现手段。主要内容是运用系统、科学的方法，按照事先约定的标准，测量和评定单位（处室）和岗位（个人）的工作行为、效果及其贡献和价值。绩效考评一般分为"考评准备""岗位（个人）及单位（处室）考评""考评结果生成"三个阶段，其中"考评准备"包含制发考评工作方案、制发考评清单等基本内容，"岗位（个人）及单位（处室）考评"包含岗位（个人）考评、单位（处室）考评等内容，"考评结果生成"包含得分生成、考评结果展示等内容。按考评周期划分，绩效考评分为季度考评和年度考评。绩效考评是否科学、合理、公正、可行，从整体上决定着标准化绩效管理的水平与效果。

四、绩效改进

绩效改进既是绩效管理的目的，也是绩效结果的应用。主要内容是针对绩效考评和标准化内审发现的问题，进行跟踪、汇总、分析和改进，形成螺旋上升的开放式管理循环。绩效改进包括业务改进和体系改进。业务改进又分为管理过程中的日常改进和绩效考评后的全面改进。体系改进是对标准化绩效管理体系各个方面、各项内容不断进行自我优化和完善，确保能够持续符合组织需求、形势变化和现实需要。正是通过不断的绩效改进，推动业务工作和管理体系持续检验校正、优化完善，从而实现标准化绩效管理水平的螺旋式上升。

五、绩效沟通

绩效沟通是标准化绩效管理的灵魂与主线，贯穿于管理各个环节，是整个管理中耗时最长，也最为关键、最能产生效果的过程。这个过程的逻辑关系是反复的绩效咨询与绩效解答，并在每个环节都有不同的沟通目的和内容，每次完成沟通后还需详细登记沟通情况。比如，在绩效计划环节，采取"两上两下"方式，组织和个人之间、各级领导和干部职工之间就指标体系及评价标准进行反复沟通商讨、达成一致、形成共识；在绩效监控环节，组织和各级领导通过绩效辅导、"周记录、月计划、月小结"审核、绩效提醒等方式，与干部职工进行即时沟通；在绩效考评环节，组织和个人之间、各级领导和干部职工之间通过申辩申诉、公示展示等方式及时沟通考评进展情况；在绩效改进环节，组织和个人、各级领导和干部职工共同针对绩效考评结果，分析存在的问题，制定改进措施。一言以蔽之，标准化绩效管理追求组织和个人、各级领导和广大干部职工之间的广泛合作和持续沟通，通过上下级共同努力实现部门战略目标。

第三节 结果应用及技术支撑

一、结果应用

结果应用是标准化绩效管理运行的重要保障。坚持正向激励为主，鞭策加压为辅，综合应用绩效考评结果。正向激励主要是将绩效考评结果作为单位评先评优、年度考核以及其他奖励的主要依据，同时作为个人选拔任用、轮岗交流、评先评优、年度考核、学习培训、目标绩效奖励以及其他奖励的主要依据；鞭策加压主要是对绩效考评成绩连续多年排名靠后或退步明显的单位和个人给予公示或约谈的惩戒措施。

二、技术支撑

标准化绩效管理信息系统是实现"精细化设计、便捷式操作"的重要技术支撑。这一系统以标准化绩效管理为核心，集行政办公、核心业务办理为一体，可以实现标准化绩效管理过程科学、简易、高效，绩效结果相对客观、真实、可信。

第四节 组织机构与职责分工

一、组织机构

标准化绩效管理组织架构分为"决策、议事、组织实施和具体执行"四个层级。

a) 党组会为决策机构。

b) 标准化绩效管理改革领导小组（以下简称领导小组）为议事机构，下设标准化绩效管理改革领导小组办公室（以下简称绩效办），绩效考评期间设立考评小组、监督小组。

c) 绩效办、人事教育处、监察专员办公室、机关党委、考评小组、监督小组为组织实施机构。

d) 各单位（处室）为具体执行机构。

二、职责分工

a) 党组会负责研究审定标准化绩效管理制度、绩效考评结果等重大事项。具体包括：审定标准化绩效管理制度办法、绩效考评结果及其他需要研究审定的重大事项。

b) 领导小组负责标准化绩效管理工作指导和重要事项审定。具体包括：组织、协调、督导标准化绩效管理工作，研究审定绩效计划、加扣分项目、绩效计划变更、申诉事项、标准化绩效管理体系改进等重要事项。

c) 绩效办履行领导小组日常管理职责，负责标准化绩效管理工作的组织实施、审核督导和协调服务；人事教育处负责对个人德勤的考评；监察专员办公室负责对各单位（处室）党风廉政建设和个人廉的考评；机关党委配合监察专员办公室开展对各单位（处室）党风廉政建设和个人廉的考评；考评小组负责对各单位（处室）及其主要负责人工作完成情况的考评和对其他工作人员考评情况的核查。其中：

绩效办承担领导小组办公室日常工作；起草、修订和解释标准化绩效管理制度办法；起草发布绩效计划编制指导意见，组织各单位（处室）及其工作人员编制绩效计划，汇总审核绩效目标指标初稿，组织编写涉及多单位（处室）指标，组织录入绩效目标指标；组织开展对单位（处室）的绩效辅导、过程管理和绩效提醒；组织开展绩效考评；组织开展对各单位（处室）的绩效分析、诊断和整改提升，汇总标准化绩效管理运行过程中的意见和建议，提出解决方案；负责标准化绩效管理信息系统业务需求的修改完善和流程优化；负责标准化绩效管理业务培训和工作调研；领导交办的其他工作。

人事教育处负责起草、修订和解释德勤考核评价办法；组织对个人德勤的考评；提出相关特别扣分具体建议及证明材料；制订绩效结果应用相关配套制度并组织实施。

监察专员办公室负责起草、修订和解释党风廉政建设考核评价办法；组织对各单位（处室）党风廉政建设和个人廉的考评；提出相关特别扣分具体建议及证明材料。

机关党委负责配合监察专员办公室开展对各单位（处室）党风廉政建设和个人廉的考评；制订绩效结果应用相关配套制度并组织实施。

考评小组负责实施对各单位（处室）及其主要负责人的绩效考评；审核确认各单位（处室）工作人员考评数据资料真实性、准确性；汇总考评结果。

各单位（处室）负责本单位（处室）及其工作人员标准化绩效管理的执行。具体包括：组织落实本单位（处室）标准化绩效管理工作，编制本单位（处室）及其工作人员绩效目标指标，负责本单位（处室）工作人员绩效辅导、过程管理和绩效提醒，采集录入和分析本单位（处室）及其工作人员绩效指标执行数据，审核本单位（处室）工作人员指标考评数据的真实性、准确性，汇总提交绩效考评结果，提供特别加扣分项目资料，配合调查涉及本单位（处室）的申辩申诉事项，负责本单位（处室）及其工作人员的绩效分析、诊断和整改提升，其他标准化绩效管理工作。

第四章　标准化绩效管理的必要性与可行性

第一节　标准化绩效管理实施的必要性

一、外部环境发生了深刻变化

(一) 经济环境发生了深刻变化

随着我国经济进入新常态，经济增长速度正从10%左右的高速转向7%左右的中高速，经济发展方式正从规模速度型粗放增长转向质量效率型集约增长，经济结构正从增量扩能为主转向调整存量、做优增量并举，经济发展动力从传统增长点转向新的增长点。在这一转变过程中，"三期叠加"矛盾突出，深度调整"阵痛"明显，深化改革任务繁重，其艰巨性、复杂性和挑战性前所未有。应对增长放缓，引导结构变化，促进动力转换，防范潜在风险，迫切需要各级政府部门发挥更大的作用。在这种宏观大势下，传统行政管理流程不畅、效率低下、成本过高的缺陷日益明显，干部队伍应对复杂形势、加快推进改革、更好服务经济发展的素质和能力也亟待提升。比如，近年来中央推进了一系列重大改革举措，但各级各部门特别是基层落实改革的力度不够、干部队伍掌握新机制新政策的能力不足，制约着改革"红利"的更好发挥。如何创新行政管理运行机制和运行模式，全面提升行政管理效率和水平，有效激发干部队伍干事创业的积极性、改革创新的创造力，已经成为各级各部门当前亟待破解的一道难题。

(二) 社会环境发生了深刻变化

随着经济社会进入转型的特殊时期，人们的价值观日益多元化，思想、行为活动的独立性、选择性、差异性明显增强，各种利益诉求更加多样，加上教育、就业、住房、医疗、食品安全、贫富差距等各种社会问题又错综复杂、累积叠加，这些都使各级行政管理部门面临前所未有的复杂情况，管理的风险和难度越来越高，压力也越来越大。但目前来看，各级行政管理水平还难以完全适应。比如，行政部门内部职能不清、交叉重叠现象还或多或少存在，导致政府职能错配和弱化、行政效率不高。必须借鉴成熟先进的现代管理理念和方法，重塑职能科学、结构优化、廉洁高效、人民满意的服务型、效率型、责任型政府机关，进一步提高行政效能和服务水平。

（三）法制环境发生了深刻变化

随着我国民主法治进程的不断加快，法治、公平等现代理念日益深入人心，公民的民主意识、法治意识和维权意识不断增强，人们对政府部门依法行政的期望和要求越来越高。然而，由于行政管理自身改革的滞后，加上中国特有的传统文化、行为方式等因素的影响，造成传统行政管理制度化、规范化、科学化程度不高，相互监督、相互制约的职责分工、管理流程尚未完全形成，按制度办事、依规则行政的习惯还没有根深蒂固，这些不仅制约着政府部门依法行政改革进程的推进，也相应增加了管理风险、廉政风险和道德风险。必须深入推进行政管理体制机制改革，完善管理制度，理顺管理职责，健全管理链条，并使行政权力得到有效监督，将各级行政管理进一步纳入制度化、规范化的轨道。

（四）行政环境发生了深刻变化

十八大以来，各级行政管理正发生着深刻变革，除了反腐败，与之相应的还有一场治理"庸官懒政"的风暴，各级也都在积极探索整治"为官不为"、激发干部队伍干事创业积极性的方式方法。从长期看，这是中国在推动的一场转变工作作风、提高工作效率的行政管理改革，反腐败、讲规矩、履责任、重法治的新格局成为当代中国的可持续发展的新生动力。这一改革已经成为一种不可阻挡的潮流和趋势，"山清水秀的政治生态"呼之欲出。

审视外部环境，不难得出结论，当前各级行政管理面临前所未有的新形势、新挑战，到了一个不得不转变的关键节点，行政管理发展战略和发展路径的重新选择、管理模式的重大转型迫在眉睫。

二、长期累积的问题亟待解决

现实工作中，不少行政部门都面临着一系列难题：工作落实需要一遍一遍调度督导，年初拟定的重点工作有的年终不了了之，办事效率和工作标准不高、考核尺度难以把握，干部职工干事创业的积极性不好调动，有人抱怨干好干坏、干多干少一个样……

再深一步看，目前在一些行政部门中存在一种管理的"怪圈"，表现为"放"与"管"的"悖论"：在治理宽松的情况下，一些诸如"主观主义""形式主义""官僚主义"便会趁机冒头，导致职责不清、权责脱节、相互推诿和服务意识淡薄、弄虚作假、行动懈怠、人浮于事，甚至出现失职渎职、贪污腐败现象。但治理严格的情况下，一些人以"要求严了"为借口，宣称"干事就难免犯错，不干事才不会违规"，抱着"只要不出事、宁愿不做事""不求过得硬、只求过得去""不贪不占、啥也不干""做一天和尚撞一天钟、只要不出事就行"这种得过且过、但求无过的心态，该做的事也不做了，遇事敷衍了事、消极怠工，干事创业动力明显不足。此种管理现象，与行政部门现行管理体制机制本身的特点有着千丝万缕的关系。

（一）管理理念固化

科层制的组织结构和管理层级，加上长期以来传统管理思想的浸润，形成了我国行政管理"家长负责制"的管理理念和模式。科层制的典型特征可概括为层级结构、职能分工、权力集中，以单位为例，纵向主要按照单位（处室）划分，处室（单位）一般下设科（组），层级管理、层层负责，使得管理规范、分工明确，有助于上下一致，提高政策实施的效果。但深层次看，科层制建立起层层的金字塔，其背后隐含的本就是一种精英主义，强调由领导集中资源和权力，做出决策并最终决定成败，再加上中国特有的"忠恕"思想等传统文化熏陶，"家长负责制"在我国行政管理中始终占据主导地位，这种管理理念和模式在发挥其更稳定、更有纪律、更可靠的价值同时，也往往导致一个地方、一个部门的管理责任和压力更多压在"一把手"身上，广大干部职工的责任心、主动性难以充分调动，甚至会出现"不求有功但求无过""得过且过等心态"。

（二）管理机制不健全

虽行政管理改革不断推进，各级行政管理体制机制不断完善，但传统的管理模式仍在发挥主导作用，管理体系不完善、一些核心环节弱化等问题始终没有从根本上解决。比如，在职能设置上，存在内部职能交叉、岗责体系设置不合理、固有责任不明晰等问题，使得政令不畅、效率低下；在内部管理上，制度体系不完善，工作流程不清晰，没有形成完整的管理闭环，工作随意性较大，造成了行政效能不高；在干部选拔上，缺乏客观公正的评价尺度，科学有效的选人用人机制还没有建立，干部选任上难以做到公开透明；在风险防控上，管理机制对行政权力、执法权力运行缺乏有效约束，执法风险、廉政风险在一定程度上普遍存在。

（三）管理工具落后

大量调查研究表明，各级领导干部大都很有进取心，都想把队伍带好，把单位管理好，把党委政府赋予的职责和任务完成好。但是，一直苦于没有一套切实有效的科学管理工具，特别是在基层，管理工具落后的问题十分突出。针对这种状况，各级也都在进行积极的探索。但从工作实际看，经验式、指令性管理等旧的管理方式仍是各级管理的主要手段和方法，靠经验办事等旧的行为方式根深蒂固，加上管理者个体素质能力的差异，整体管理效率不高。同时，受激励手段缺乏、晋升渠道狭窄、动力机制缺失等因素影响，"干与不干、干多干少、干好干坏差不多"的问题难以解决，干部队伍工作热情下降，干劲不够，活力不足。

剖析行政管理问题存在的深层次原因，不难得出这样几个结论：第一，必须从战略上、根本上、机制上系统思考问题、解决问题。如何应对以上问题？基于不同的思维，就会有不同的态度和认识，就会产生不同的方法和路径。如果按照传统思维，基于眼前考虑，就事论事、一事一议，遇到什么问题解决什么问题，工作可能也会推着走。但由于这些问题的复杂性以及内在的关联性，不仅会"按下葫芦浮起瓢"，时间长了，可能还会出现更大的问题和矛盾。因此，只有按照现代管理的思维，实施战略谋划、整体设计，从根本上、从战略上、从机制上来解决发展中遇到的各种问题和矛盾，才能破解难题、突破困境，也才能实现整体提升、持续发展，开创工作新局面。第二，必须以人为中心找准破解问题的关键。事业发展，关键在人。只有以人为中心，根据人的自身规律、特性和需求，去深入分析、认真研究问题，才能找到解决问题的一般性、规律性的方法和措施，才能不断提高管理和服务质效。这也是现代管理理念和优秀传统管理思想告诉我们的一个基本观点，是一切管理工作的出发点和落脚点。第三，必须运用现代管理的模式和方法建立解决问题的长效机制。上述问题不是孤立存在的，有的相互影响，有的还互为因果，相互交织，累积叠加。其形成的原因也是多方面的，有外界环境的影响，也有主观方面的原因，比如工作随意，不按制度和程序办事等。但主要还是由于管理理念、管理机制、管理方法的滞后，直接或间接造成的结果。所以说，产生这些问题的原因，包括这些原因的根源，都能从管理中找到病灶和病因。引入现代管理工具和方法，虽然不能直接解决以上全部问题，但可以为解决其中的大部分问题提供一个有效的途径和方法，并形成一个良性的改进机制，来推动和倒逼其他问题的解决，实现整体工作的持续改进、持续提升。

三、改革发展提出了更高要求

为适应改革开放和经济发展的新形势，早在1980年邓小平同志关于《党和国家领导制度的改革》一系列讲话中，就强调要通过机构改革和行政管理体制改革解决"活力、效率和积极性"等问题；1982年、1988年、1993年、1998年和2003年，我国已先后开展过几次大规模的行政体制和政府机构改革；党的十八大明确提出,"要按照建立中国特色行政体制目标,进一步深化行政体制改革,深入推进政企分开、政资分开、政事分开、政社分开,进一步创新行政管理方式,提高政府公信力和执行力,推动政府职能向创造良好发展环境、提供优质公共服务、维护社会公平正义转变。"习近平总书记强调指出,推进国家治理体系和治理能力现代化,就是要适应时代变化,既改革不适应实践发展要求的体制机制、法律法规,又不断构建新的体制机制、法律法规,使各方面制度更加科学、更加完善。党的十八届三中全会通过的《中共中央关于全面深化改革若干重大问题的决定》(以下简称《决定》)不仅提出了国家治理体系和治理能力现代化的改革目标,全文更是24次提到"治理"一词,并且明确要求优化政府机构设置和工作流程。这其中,绩效管理是创新政府管理方式的重要举措,21世纪以来,党中央、国务院对政府绩效管理提出一系列要求。党的十八大报告提出"创新行政管理方式,提高政府公信力和执行力,推进政府绩效管理"。《决定》强调"严格绩效管理,突出责任落实,确保权责一致"。2013年,新修订的国务院工作规则明确规定"国务院及各部门要推行绩效管理制度和行政问责制度"。

近年来,我国各地按照中央的要求,也在积极探索现代管理的新路子,特别是自2011年国务院批准绩效管理试点以来,目前已有20多个国务院部门、近30个省(区、市)政府以不的同形式开展以绩效管理或考评为核心的管理新探索。这些探索基本沿着两条线索展开:一条线路是外部评价,包括公众评估,如浙江富阳市的"分类考核";第三方评估,如甘肃省人民政府委托兰州大学中国地方政府绩效评价中心对全省所辖市(州)政府和省政府各职能部门的绩效进行了评价等等。另一条线路是内部评价,通过吸收平衡计分卡、目标管理法、绩效管理等方法,构建了自己的指标体系、标准,运用过程管理的思维,采取目标纠偏、跟踪留痕等做法,实现行政部门的内部评价,如江西南昌工商局、江苏南通地税局等地方和部门实施的内部绩效管理等等。

不难发现,我国行政管理改革发展有四个趋势:一是从主导经济发展转向更加注重发挥社会管理职能;二是从重点调整机构人员转向更加注重科学配置政府职能,理顺管理机制,创新管理模式,进而提升行政管理效率和水平;三是从管理型政府转向服务型政府;四是从旧的粗放型的管理体制转向更加注重科学、民主、法制、责任、契约、理性、廉洁、公信、创新、服务的符合新行政精神的体制机制转变。这就要求各级行政部门转变传统管理理念,积极引入现代管理机制、模式和方法,深化行政管理体制机制改革,加快推进治理体系和治理能力的现代化进程。

第二节 标准化绩效管理的理论基础

一、从管理说起

什么是管理？辞海的解释是：保管和料理，照管并约束。管的本意是"主宰"，还引伸为规范、法规的含义；理的本意指加工雕琢玉石，引申为按事物本身的规律或依据一定的标准对事物进行加工、处置。管理的概念多样而不统一。例如："管理就是确切地知道你要别人干什么，并使他用最好的方法去干"；"管理是所有的人类组织都有的一种活动，包括：计划、组织、指挥、协调和控制"；"管理是一种工作，它有自己的技巧、工具和方法；管理是一种器官，是赋予组织以生命的、能动的、动态的器官；管理是一门科学，一种系统化的并到处适用的知识；同时管理也是一种文化"等等。

人类的社会活动、生产活动复杂多样，管理既包含生产力和科学技术方面的问题，又包含生产关系和上层建筑方面的问题。可以这样简单地定义：管理是指一定组织中的管理者，通过配置和优化系统内资源，以实现组织目标的一系列活动的过程。因此，管理的主体是管理者，管理活动的核心是组织，管理的主要目的是实现组织目标，管理的本质是组织系统内资源的配置和优化。

怎样才能在既定的环境下对这些资源进行配置和优化，使其产出大于投入呢？在探索与实践中，人们越来越认识到，只有通过发挥人的潜力才能挖掘物的潜力。可以说，人的管理是资源配置的核心，这既是管理的出发点，也是管理的落脚点，现代管理正是以人为中心展开的。同时，人的行为受到社会主流文化和非主流文化的共同影响，具有很大的不确定性，人力也正是管理中最难以掌握和控制的要素。

（一）现代管理理论的发展脉络

管理活动自古有之，工业革命以前的管理主要是经验式管理。直到工业革命之后，管理理论作为一门学科，才伴随着工业企业的发展、壮大而逐渐形成和发展。自诞生以来，管理理论大致经历了三个主要发展阶段：以泰罗为代表的科学管理阶段、以霍桑实验（梅奥）为开端的行为主义管理阶段和巴纳德创始的现代管理阶段。

1. 科学管理理论。从19世纪末到20世纪初，随着经济的发展和生产技术的进步，西方迈入工业大发展时期，市场和企业规模不断扩大，管理工作日益复杂，垄断企业的产生、经营权与所有权的分离等对管理提出了新的要求。泰罗、法约尔、韦伯等代表人物对管理进行了深入的研究，并提出了各自的管理理论。1911年泰罗的《科学管理原理》一书的发表，标志着系统的管理理论的诞生。科学管理理论对管理中（包括社会关系和管理方法、技术两个方面）共同的客观规律性进行了科学概括和深刻揭示，使工业管理由放任式的经验管理阶段进入以科学理论和方法为依据的科学管理阶段。但是，这种以"经济人"为基本假设、以技术为中心的"胡萝卜加大棒式"的管理方式，是一种"以物为中心的管理"，存在一定的局限性。"在泰罗理论执行者的视野之内即使看到了人，也只是被看成单纯追求经济利益、被一定管理制度所限定了的机械运作的人"。

2. 行为管理理论。二十世纪二三十年代，经济危机造成生产效率的下降，同时工人组织的诞生促进了自我意识的提高，工人运动日益高涨。在实践运用中，以"经济人"为基本假设的科学管理理论日渐显露出其局限性。在此背景下，哈佛大学的梅奥教授于1933年出版了《工业文明的人类问题》一书，基于霍桑实验提出了新的观点：工人是"社会人"，是复杂的社会关系成员，而不是"经济人"；企业中存在着非正式组织；生产率的提高主要取决于工人的积极性，以及他和周围人的关系；工人所要满足的需要中，物质只是其中的一部分，大部分的需要是感情上的慰藉、安全感、和谐、归属感。马斯洛于1943年发表的《人类动机理论》，提出了"需求动机理论"，指出人的行为是由动机引起的，而动机是由人本身的内在需求产生的，人的需求有五种不同层次。赫茨伯格的"双因素激励理论（激励—保健理论）"，将激励与工作设计有机结合起来。这些主要观点组成了行为管理理论的主要内容。

行为管理理论用"社会人"的基本假设取代了"经济人"的假设，使企业管理从以技术和"物"为中心的研究转向以人为中心，管理方法由监督管理转变到人性化管理。但是，他们的思想体系却忽视了经济利益关系和以之为基础的正式组织等制度性因素的作用。日本较有影响的管理学家占部都美指出，"社会人"的假设除了发现了人的社会性需要的重要性之外，另一面却忽视了经济性需要，这不能不说是一种片面性。

3. 现代管理理论。1938年，美国管理学家切斯特·巴纳德出版的《经理人员的职能》一书，把管理理论推向了一个新阶段，他也成为举世公认的现代管理的创始人和奠基者。二战以后，工业生产迅速增长，技术进步速度日益加快，企业规模进一步扩大，生产的社会化程度不断提高，对管理工作提出了许多新问题、新要求，理论界和企业界纷纷探索和实践与之相适应的新管理思路、方式和手段。此时，巴纳德的现代管理理论才得到广泛应用，管理理论也出现了各种学派，进入了哈罗德·孔茨教授所概括的"现代管理理论丛林时代"。

巴纳德吸收了梅奥以人为中心的分析方法，但把研究重点转向对组织本质的经济基础分析。他把正式组织定义为"人们有意识、有目的、深思熟虑的协作系统"。其理论基点是"决策人"（或称"有协作愿望的人"），即有一定个人目标来加入组织，使个人目标从属于组织目标的人，这就克服了"社会人"假设只注重情感因素的片面性。他认为权威的、能被接受的命令，必须具备两个条件：与组织目标一致，符合个人利益。因此，组织中最关键的因素是管理人员，并对管理者提出了客观公正等基本要求。

20世纪80年代以后，为适应经济全球化、信息化、多样化的客观要求，企业管理经历了前所未有的、脱胎换骨的变革，后现代管理思潮在美国兴起。它侧重于企业文化、战略管理、企业再造、国际化战略、跨文化管理等方面的研究。同时涌现出学习型组织理论、团队管理理论、可持续发展理论、危机管理理论、风险管理理论等新的管理理论，呈现出新的管理理论丛林的特征。

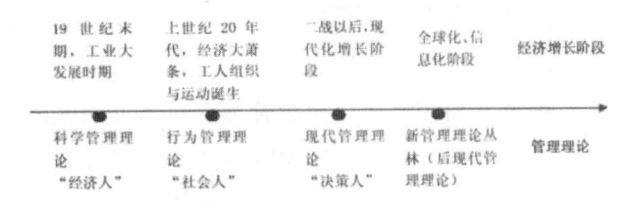

图 4-1　现代管理理论发展脉络

（二）现代管理理论的实践及应用

"管理是一种实践，其本质不在于知，而在于行。"管理理论本质上是一门应用性很强的社会学科，其研究的素材来源于实践，其理论也用于指导实践，并在实践中不断检验和完善。现代管理理论产生以来，首先在企业中得到了广泛应用。如：20世纪80年代，壳牌、杜邦等跨国公司在企业内部建立了较完善的HSE（健康、安全、环境）管理体系，融合了质量管理、风险管理、战略管理等多种现代管理理论，强调以机制控制风险，在实际的经营活动中取得了较好的绩效。1987年，摩托罗拉公司首创了六西格玛管理模式，其基本含义是客户驱动下的持续改进，即运用信息手段使工作标准化、规范化，通过过程定义、测量、分析、改进、控制（简称DMAIC流程），提高质量和服务，达到客户完全满意。通过实施六西格玛管理战略，通用电气、三星、花旗银行等不同行业的跨国企业均实现了管理水平的大幅提升。

20世纪70年代，随着新公共管理运动的兴起，西方发达国家开始将现代管理理论引入公共行政领域，并不断进行理论创新，从而适应不断变化的公共管理要求。其中，绩效管理（评估）理论、质量管理理论在政府管理中得到了广泛重视和推广。近几十年来，西方国家标准化绩效管理的实践大体经历了三个阶段。如英国：第一阶段（20世纪70年代—80年代末），撒切尔政府开始了大规模的标准化绩效管理运动，其中包括"雷诺评审"、"部长管理信息系统"、"财务管理新方案"和"下一步"行动等措施；第二阶段（20世纪90年代初—1996年），梅杰政府颁布了《公民宪章》；第三阶段（1996年以后），工党布莱尔政府继续了保守党的绩效管理改革。美国：第一阶段（20世纪70年代—80年代末），尼克松政府的"联邦政府生产力测定方案"改革、1976年福特政府的"日落法"、80年代里根政府的"'改革1988'的一揽子改善行政管理计划"；第二阶段（20世纪90年代），克林顿政府开始了大规模的绩效管理运动，其标志为1993年《国家绩效评估报告》的推出和《政府绩效和结果法》的推行；第三阶段，布什政府进行的以"2003年预算新格式"为标志的绩效管理改革。总体来看，它们是特定时期政治、经济和社会文化环境的必然产物，其侧重点各不相同，从注重部门效率、行政投入、行政产出，到关注绩效预算、实行成本控制，最后发展到对整体效率、行政结果、行政有效性的衡量和绩效目标的实现。

与此同时，许多国家开始积极采用质量管理理论和方法来改进自身的管理和服务质量，突出表现是ISO（国际标准化组织）系列标准的采用。英国和新加坡是最早按照ISO9000系列标准来审核行政管理部门的国家，马来西亚于1996年开始启动在政府组织实施ISO9000系列标准的技术，美国、澳大利亚、也门等国政府机构也成功地实施了质量管理体系认证。目前，世界上已有近100个国家直接采用或等同转为国家标准采用，公共管理正在迈入一个新的历史阶段。

（三）现代管理理论和实践发展的主要特征

尽管领域不同、行业不同、性质不同，但实践表明，现代管理理论的每一次成功应用均蕴含着一些共性特征，集中表现在管理思想、管理理念、管理模式和管理手段等四个方面。

1. 管理思想上，突出规则和效益。法治思维、制度文化、程序精神被广泛地融入了现代管理的思想中，更加注重以制度建设、机制建设来规范管理行为，提高管理质效。同时，在管理思想上，改变了过去只关心投入不关心产出的做法，强调人、财、物等各种管理要素的合理配置，要求以最小的投入，获取最大的社会效益。而在中国，由于历史上传统儒家伦理所支撑的习俗和惯例长期占据主导，调节着社会秩序的运行，加上近代资本主义未成熟发展，中华人民共和国成立初期采用计划经济制度，导致了当代中国法治精神的缺乏，造成了制度软化，也使权力和人际关系成为资源配置的重要力量。因此，在中国各类组织的管理中，尤其应当强调制度建设、工作流程及规范标准的重要性。职业化、专业化、流程化是现代社会的基石，它的真实意义，是标志着个人的随意性必须被纳入制度规范中。

2. 管理理念上，突出对人的激励引导和顾客导向。管理不仅是一门科学，还是一门艺术，在管理中必须重视精神的作用和文化的力量。现代管理侧重的是组织中的全体职工共同具有集体价值观念和行为方式，是在组织中营造一种和谐共处、感情色彩强烈的文化氛围，建立一种牢不可破的共同体。其理念的核心不是束缚人，而是把实现组织管理规范化、理性化与激励、引导个人的精神、情感、智慧、积极性结合互补，进而追求人的自我管理、自我提升、全面发展。顾客导向也是现代管理的核心价值观之一，要求产品、服务及过程等一切以客户满意为目标。这里的客户不仅包括外部客户，也包括组织内部上下游形成的客户关系。对公共管理部门来说，更意味着针对社会公众需要提供服务，以社会公众为导向改变传统的工作方法，建立社会公众回应系统，及时听取顾客意见，以社会公众的需求作为工作的目标。

3. 管理模式上，突出质量管理和绩效管理。其中，ISO（国际标准化组织）系列标准是世界性、标志性的成果。它高度概括、总结、提炼了世界各国质量管理理论的精华，统一了质量管理的原理、方法和程序，提供了一套科学的工作思路和方法。由于它具有全球统一的认证依据标准，又具有较强的公正性、通用性和指导性，因此它得到了广泛认可。绩效管理则是现代管理理论集大成者，它继承、发扬并整合了战略管理、行为管理、目标管理、过程控制、质量管理等现代管理的理念和方法，并在实践中不断创新发展。绩效管理不仅在各类经济组织中效果显著，许多西方政府机构也不断尝试将绩效管理工具进行理论嫁接和应用转化，衍生出许多成熟的管理方法和手段，取得了良好的社会效益。

4. 管理手段上，突出新技术、新成果的运用。大量应用数学、统计学、经济学等方法。数学方法主要运用于建立模型和进行定量分析，特别在电子计算机及网络技术的推动下，数学方法正在深入渗透管理领域，最优目标选择、统筹规划、人员匹配以及计划决策等无一不是以数理统计为基础进行的研究。在微观经济学研究领域，以严格数学模型为基础的信息经济学、博弈理论、激励理论、契约理论、委托—代理理论等飞速发展，其研究成果被各类组织广泛应用于战略决策、层级结构设计、内部管理等各个方面。

二、绩效管理和标准化管理

（一）绩效管理

1. 什么是绩效。绩效一词源于管理学中的"Performance"。从中文字面分析，"绩效"是绩与效的组合，"绩"就是业绩，"效"就是效率、效果。结合

"Performance"的含义,"效"可以进一步引申为"一系列与组织目标相关的行为、态度、方式和方法"。从管理实践的历程来看,人们对于绩效的认识是不断发展的:从单纯强调数量到强调质量再到强调满足顾客需要;从强调"即期绩效"发展到强调"未来绩效"等等。随着理论和实践的发展,绩效的内涵也不断丰富。当前,我们可以理解为:绩效包括组织绩效和个人绩效两个层面。对组织来说,绩效是组织在管理活动中的结果、效益、效能,是组织在行使其功能、实现其意志过程中体现出的管理能力;对个人来说,绩效就是个人通过其行为,以及技术、能力和知识的应用,对团队目标及组织目标的贡献程度。反映的是组织和个人在一定时期内以某种方式实现某种结果的全部过程,也就是说绩效包括了工作行为、方式以及工作行为的结果。

2. 绩效的性质与影响因素。绩效具有多因性、多维性和动态性。多因性是指绩效的优劣不是由单一因素决定的,它受制于环境、组织的制度和机制、工作特征、个人的价值观等多种主客观因素。多维性指的是需要从多个维度或方面去分析与评估绩效。比如,考察一个部门的绩效时,不仅要看部门指标的完成情况,还要综合考虑部门的管理指标,比如对下级的监控、指导、整个团队是否有创造性等,通过综合评估得出结论。动态性是指绩效会随着时间的推移而发生变化。原来较差的有可能好转,而原来较好的也可能变差,不能用一成不变的思维来看待有关绩效的问题。

现代科学技术与心理学的研究表明,影响绩效的主要因素有四种:激励、技能、环境和机会。激励的理论基础是马斯洛的需求理论,管理者需要根据需求的不同层次,有针对性地采取激励措施,才能调动个人的工作积极性。技能是个人工作技巧与能力的总称,是一种内在要素,它与个人的天赋、勤勉、经历、教育和培训背景相关。环境即一个组织内外的环境状况,内部环境包括工作环境、劳动条件、规章制度、组织结构、组织文化等;外部环境是组织和个人面临的不为组织所左右的外部因素。机会亦称机遇,指具有时间性的有利情况。

环境与机会对个人来说都是客观的,但对组织来说却是可以创造和争取的;技能作用的发挥由个人的主观因素决定;激励主要取决于主观因素,同时也与组织正确的政策有密切的关系。在影响绩效的上述因素中,激励是最具有主动性、能动性的因素。

3. 什么是绩效管理。绩效管理的思想起源于绩效评估,在其历史演进中,20世纪中前期主要体现为观察性绩效评估。随着管理实践的日趋复杂,越来越多的管理者和研究者意识到,组织结构调整、裁员等措施难以持续改善绩效,真正能促进绩效提高的是个人行为的改变,形成有利于调动个人积极性、创新精神、团队合作精神的组织文化和氛围成为人们的共识。在这一背景下,基于行为科学理论，研究者拓展了绩效的内涵，于20世纪70年代后期提出了绩效管理的概念。80年代发展出一整套质量管理绩效指标，90年代将客户满意度作为战略性的绩效指标，如德鲁克所倡导的目标管理理念、卡普兰和诺顿1992年创建的平衡计分卡等，就是其典型的代表。罗杰斯和布雷德拉普则系统地将绩效管理视为管理组织绩效的一种体系。

概括来说，现代绩效管理大量引入现代管理理论、系统控制理论等基本思想，包括绩效计划、实施、考核、反馈与沟通、结果应用等步骤，这些环节环环相扣、相互推动，形成一个持续不断的闭环流程系统，其根本目的是传导、实施组织战略。深层次看，现代绩效管理在促成组织价值创造的同时，又建立了价值分配的基础。它是一种外部管理活动与个人内在心理活动交互作用的过程，具体表现为管理者在与管理对象达成目标共识后，采取有效方法帮助管理对象实现工作目标、提升个人能力素质。在这一过程中，个人绩效、素质的不断提升和组织业绩、素质的持续改进相辅相成，实现组织和个人的双赢。其内涵反映了现代管理的实践需要，为管理开辟了新的思维空间和运作平台，它不仅是组织战略执行力的强大引擎，而且成为提高组织核心竞争力的中心环节和直接手段。

（二）标准化管理

ISO是国际标准化组织（International Organization for Standardization，缩写为ISO）的简称，它成立于1947年，是与IEC（国际电工委员会）并列的世界最大的国际标准之一。经过几十年的研究和发展，ISO于1987年发布了ISO9000质量管理和质量保证系列标准，1994年对其进行全面修订，于1997年发布实施。2000年又发布了2000版的ISO9000系列标准，将原来的标准系列精简为如下三个标准：ISO9000：2000《质量管理体系——基础和术语》、ISO9001：2000《质量管理体系——要求》、ISO9004：2000《质量管理体系——业绩改进指南》。在质量管理和质量保证方面，ISO9000是世界通用的国际认证标准。由于它具有全球统一性，又有适当的公证性，各国相互认可，因而日益受到各国政府、企业界以及相关国际组织的关注。1993年1月1日，我国正式等同采用ISO9000系列标准，建立了符合国际惯例的质量认证制度和管理体制。

目前，"质量"与"质量管理"的概念已经进入了社会各个领域的每一层面，作用范围非常广泛深远。ISO9004-2《质量管理和质量体系要素第2部分：服务指南》的附录《可适用本标准的例子》列举了质量管理和质量保证标准适用的39个经济活动类别，几乎包含了所有的社会经济活动领域，而其中"行政管理"就单列为一类。这表明，ISO质量标准不仅适用于企业界的经济活动，实际上也适用于各种政府机构和行政管理部门。政府的质量是通过相应的管理和控制来实现的，要提高政府的质量,防止行政管理的主观性和随意性,都应当依照标准化的管理办法和实施细则办事。因此,ISO系列标准也被看作政府组织、公共服务机构建立规范管理体系的国际通用标准。

全面质量管理(Total Quality Management,缩写为TQM)理论是质量管理中的核心理论,依据ISO的定义,全面质量管理(TQM)是指"一个组织以质量为中心,以全员参与为基础,通过让顾客满意、让本组织所有成员及社会受益而达到长期成功的管理途径"。全面质量管理(TQM)的核心理念是"质量第一""顾客第一",基本观念是一切使用户满意、一切以预防为主、一切用数据说话、一切按计划实施,主导原则是全过程进行质量管理、全方位实施质量管理、全员参加质量管理、全社会推动质量管理。

PDCA循环,即计划—实施—检查—改进的循环工作方法,是全面质量管理(TQM)中的一种基本方法,最早由美国统计学家戴明博士(W. E. Deming)针对企业提高产品质量、改善经营管理的需求而提出,所以也称"戴明循环"或"戴明环"(Deming Loop)。所谓"P""D""C""A",分别是四个英文单词"Plan(计划)""Do(执行)""Check(检查)""Action(处理)"的字头,因而,PDCA循环事实上是由PDCA四个阶段紧密相连、前后相继不断推动质量进步的良性工作模型。PDCA循环主张,全面质量管理(TQM)的过程依次要经历四个阶段的循环:第一,根据顾客的需要和组织方针,建立必要的过程目标,分析现有情况,发现问题并分析存在问题的原因,结合实际,制定切实可行的目标、方针和计划。第二,按照制定的计划组织实施,开展研制、生产、试验等各项工作。第三,按照质量方针、目标和产品要求,对过程和产品进行监视和测量,检查验收工作的进展情况是否达到了预期效果。第四,对检查验收的情况进行分析总结,处理遇到的各种问题,提出改进的措施和建议,使质量问题归零,并把成功的经验纳入循环过程,对遗留的问题转入下一个PDCA循环以便改进解决。

作为质量管理持续改进思想的具体体现,PDCA循环不仅是企业进行质量管理活动的基本模式,也是任何一个社会组织实现最佳运行状态所应当遵循的方法,已经被当作质量改进的重要工具广泛应用在各个行业。政府和公共服务部门采用PDCA循环方法,通过将质量问题和工作目标引入PDCA循环,可以把复杂的管理与服务过程简化为若干个子系统,根据问题的复杂或者简单程度来逐级制定具体的循环方案,便于确定管理和改进的重要环节,更快、更好地解决系统中存在的问题,有效保证工作和服务质量,满足社会公众的需求。

三、标准化绩效管理

标准化管理和绩效管理都是现代管理理论体系中的"明珠",在实践中也被广泛应用于各个领域。基于西方国家成功经验的启示，这两种管理模式也逐步被引入中国。比如，我国一些地方政府和政府部门进行了绩效评价实践的有益探索，为政府组织推行绩效管理积累了一些宝贵的经验；再比如，经过近几年的努力，标准化管理已经在各省各级行政部门逐步推开。但从实际效果来看，由于二者均存在一些理论上的"系统性缺陷"，其强大的管理功能并未得到充分发挥。从绩效管理来说，多种管理理论、方法的应用，虽然大大提升了绩效管理的科学性，但同时增加了绩效管理体系的复杂性，对组织的内部结构、工作流程、管理者的管理水平等均提出了较高的要求，一直以来绩效管理都是世界公认的管理难题。特别是在国内，由于管理基础薄弱，加上行政工作固有的复杂性，单独推行绩效管理难度很高，"政府绩效内涵的复杂性、参与主体的多元性以及利益诉求的差异性，政府绩效管理理论和技术方法的相对缺乏使得我国政府绩效管理在摸索中前行"，有的成为单纯的绩效考核，有的仅将部分工作纳入绩效管理，有的甚至"无疾而终"。从标准化管理来看，依照ISO9000系列标准进行的认证，是一种第三方的管理质量水平的认证过程，但是第三方显然缺乏对组织的实际控制，其管理刚性存在天然的局限性，行政部门推行标准化管理容易流于形式，有的与实际工作脱节，推行的时候严格按照ISO标准制作各种表证单书，但实际工作流程、节点、规则难以严格按照标准执行；有的"虎头蛇尾"，特别是认证之后，标准化管理难以真正落在实处，流于形式的情况比比皆是。

为解决上述问题，针对这两种管理体系进行了深入研究，经过近几年的探索实践，目前已经初步构建起标准化绩效管理模式。简单讲，标准化绩效管理就是以标准化管理为依托、以绩效管理为动力的全面系统、流程科学、管理规范的现代化行政管理模式。在这套模式中，标准化管理为绩效管理提供严密规范的"高速轨道"和节点控制规则，绩效管理为标准化管理提供事实上的刚性控制和运转动力，二者有机融合、一体化运作，相互推动、梯次改进，形成一个开放的、螺旋上升的良性管理循环，能够有效解决单独运行中的突出问题。二者关系呈现以下几个特征：

一体性。即：二者不是并存的"两个"管理体系，而是"二合一"，共同组成了标准化绩效管理体系，其构成方式不是并列的，而是深度融合、相互交织，不能也无法将二者在管理体系中明显分开。对一个组织来说，在同一套管理体系中的绩效管理和标准化管理的具体内容，如管理目标、管理过程、监控系统等，只能也必须是一套。

互补性。标准化管理重体系建设、重日常工作、重流程规范，绩效管理重目标导向、重阶段重点、重结果评测；标准化管理以规范工作过程为着力点，注重规范，而绩效管理以提升人的业绩为着力点，注重激励；标准化的管理焦点是事儿，绩效的管理焦点是人，二者通过发挥各自优势、功能上相辅相成，共同满足了战略目标和近期目标的实现要求，共同提高了管理体系运行质效。

就互补性讲，标准化管理为绩效管理提供了中长期的管理方针、管理目标、管理架构、管理规则、监控节点和标准；绩效管理为标准化管理提供了阶段性的具体目标、测量评价手段和结果运用。同时，二者通过PDCA过程方法和一些具体工作机制，共同推动。

支撑性。即：二者互为支撑。支撑性类似互补性，但又有区别，需单独注明。标准化管理为绩效提供支撑，包括规则、标准和运转的支撑，绩效管理要从标准化体系文件中提取监控点和指标要求，绩效实现要由标准化过程实施支撑。绩效管理为标准化管理提供动力和目标，没有绩效管理的激励和引导，标准化管理的工作过程将得不到认真执行，这项工作也将无法长期坚持。

做一个形象的比喻，标准化管理是骨骼和经脉，提供运转的架构和脉络（规则）；绩效管理是心脏和大脑，提供运转的动力和方向。二者融合实施，在更高层次、层面构建起一个更加科学有效、持续产生活力的管理体系。

第三节 标准化绩效管理实施的可行性

从近几年的管理实践来看，标准化绩效管理正在逐步显现出其强大的功能和效果。可以说，标准化绩效管理与中央的工作要求、形势的发展需要是相适应的，符合行政管理改革的发展规律，解决了传统行政管理中的一系列问题，激发了干部队伍的动力活力，确保了上级决策部署的有效落实，实现了行政管理理念、机制和模式的根本性变革，是推进国家治理体系和治理能力现代化的具体探索和生动实践。

一、为解决现实问题提供方案

标准化绩效管理模式，为解决行政管理长期存在的问题提供了一揽子解决方案。

（一）解决目标任务不明确、不到底的问题

标准化绩效管理建立起责任体系和目标指标体系，确保了精准承接上级工作部署。每年年初，深入研究上级决策部署、重点工作和本部门目标任务，逐项确定工作目标、设定绩效指标，层层细化分解到单位（处室）和人头，让每个人从一开始就清楚自己该干什么、要干到什么程度，形成对目标的认同和共识，愿意去自觉地完成这个目标；日常工作中，对上级交办的临时部署的工作任务，随时

转化为单位（处室）和岗位（个人）的绩效指标，纳入标准化绩效管理流程，实现个人对单位（处室）、单位（处室）对部门、部门对上级工作任务的无缝承接、精准落实。

（二）解决工作标准不清、质效不高的问题

工作没标准、考评凭主观直接影响工作质量和效率。在将工作转化为绩效目标指标时，参考上级要求、历史水平和同行业先进，以"跳一跳，摘得到"为原则，从时间、质量、数量三个维度，科学设定各项工作要达到的标准和评价方法，明确工作步骤和需要采取的措施方法；通过信息技术实现过程留痕、节点提醒，促使每名干部职工自觉做到"马上就办、办就办好"。同时，通过每季度组织考评和年终总评，以日常留痕记录为依据，客观公正地评价单位（处室）和岗位（个人）的工作完成情况，排出等级和名次，让干部职工心服口服。

（三）解决不同单位、不同岗位不可比的问题

不同单位、不同岗位之间工作性质、工作内容差异大，综合考评结果很难比较。通过引入数学、统计学等现代管理工具，为各项工作设定一个统一客观的"参照物"，将不同工作的绩效考评得分与"参照物"比较，计算出每条绩效指标得分的"含金量"。通过几轮计算，把原始的考评得分"兑换"成可比的绩效考评得分，实现了不同单位（处室）、同职级不同岗位绩效得分在一个坐标系上比较，从而使考评结果更好地体现工作努力程度，更加科学、合理、公平。

（四）解决干好干坏差不多的问题

干好干坏、干多干少差不多，长期下来，干部就没有积极性。绩效考评结果的有效应用，是解决这一问题的关键。每年将绩效考评结果拉出清单公布，作为干部年度考核、评先评优、选拔任用的主要依据，特别是以绩效考评结果作为选拔干部的主要依据，扎实干事的人得到重用，作风漂浮的人受到冷落，使得大多数干部职工见贤思齐，把全部身心都投入到工作上。

（五）解决创新动力不足的问题

传统目标管理集中于结果考核，标准化绩效管理则把管理重心放在日常。通过建立绩效计划、监控、考评、应用和改进的完整管理闭环，加强执行过程中的绩效辅导、绩效提醒和工作指导，随时掌握单位（处室）和个人日常工作表现，及时纠正工作与目标任务之间出现的偏差，推动工作持续改进、不断提高。同时，对改革发展中做出突出贡献的，或者日常工作有实质性创新的，设置特别加分等调控手段，只要干得好，有创新有突破，就会得到加分，激励干部职工主动去想事干事，干事创业积极性明显提升。

二、为领导者提供管理平台

经常听到有的领导干部说，现在的工作不好落实，干部队伍不好带、不好管。随着内外部形势的不断变化，各级"一把手"都面临着决策怎么变为干部职工的实际行动，以及队伍如何管理、如何调动积极性等问题，主要原因就是缺乏有效的管理工具。

绩效管理被国内外政府官员誉为手中"最有效的管理工具"。尽管标准化绩效管理不能直接解决所有的管理问题，但它为各级领导干部处理好这些问题提供了有效的方法和途径。因此，只要用好这个工具，就可以实现对人、对工作的有效管理和指导，发挥出巨大的管理作用。

一方面，有利于推进工作落实。首先，用好这个工具可以更合理地安排工作。对这一管理体系来说，研究绩效指标就是研究具体工作，抓住了绩效指标就是抓住了工作的纲。根据组织目标、本单位（处室）的岗位职责和人力资源情况，自上而下、自下而上，认真研究，反复斟酌，把目标指标制定好、分配好，增加工作的主动性、计划性和预见性。其次，用好这个工具可以更有效地指导工作。每一名干部职工有了明确的目标、具体可测量的指标、明晰可控制的节点，那么各级领导干部就可以轻松地将每个人的目标实际完成值与要求值进行比较，随时了解和掌握每个人的目标指标完成情况，发现问题后分析原因并及时改进。同时，用好这个工具可以保证每一项工作落到实处。将各项工作转化为可管理的目标指标，并使组织与每名干部职工都达成"契约"后，通过过程管理、绩效考评、绩效改进等环节形成完整的闭环管理，可以保证每一份"契约"严格执行、落实到位。

另一方面，有利于加强干部队伍管理。有效的管理，首先是以完善的制度体系为基础，基本要求是制度的全面性、系统性、公平性和客观性，标准化绩效管理在体系设计和运行上，较好地实现了以上特征，为以制度管人管事奠定了基础。其次，有效的管理，必须以目标共识为前提。标准化绩效管理中，无论是在制度框架建立阶段，还是在体系运行阶段，反复征求意见，全员广泛参与，凝聚了全体干部职工的思想共识，领导干部和广大干部职工既是上下级之间的关系，也是围绕组织目标、单位（处室）目标所形成的伙伴关系，团队凝聚力显著增强。同时，通过标准化绩效管理的各个环节的有效管控，不仅可以安排每个人的任务，发现工作中的不足，持续改进，提升绩效；还可以利用绩效杠杆，调动每个人的工作积极性，激发整个团队的活力。

三、为干部职工提供舞台

对于每一名干部职工来说，标准化绩效管理不仅是帮助个人明确任务、改进工作、完成任务的工具，还为每个人提供了展示工作业绩、提升能力素质、实现自我发展的平台和机遇，个人理想落在了工作岗位，工作积极性自然显著提升。

一是更利于明确目标、认清方向。一个好的目标和结果，会对干部职工的个人行为产生引导作用，会成为全体干部职工为之奋斗的方向。通过标准化绩效管理，每一名干部职工可以知道自己应该做什么、做到什么程度。有了明确的工作目标以后，就明确了个人的努力和奋斗的方向，可以在规定的职责范围内充分调动个人的力量和智慧，完成和实现自己的目标指标，从"要我做"变成"我要做"，增强了工作积极性、主动性。

二是更利于提高效率、优化工作。根据目标指标，按照标准化流程开展工作，做好周记录、月小结，可以有效提高工作效率，实现"事半功倍"。通过绩效监控和绩效评价，帮助每个人及时发现工作偏差，及时改进提高，确保工作少走弯路，全面提升工作完成水平。

三是更利于培养素质、提升能力。通过制度、机制设计，引导干部职工逐步形成自我管理的工作习惯和行为习惯；通过绩效辅导、改进和日常培训，特别是根据绩效考评结果，每个人能够发现自身能力上的不足，有针对性地帮助干部职工补齐素质短板；通过全员参与，让广大干部职工更好地理解现代治理理念，掌握现代管理技术和管理方法，培养干部职工领导素质和领导能力。

四是更利于全面发展、实现价值。按照马斯洛需求理论，每个人的需求都是有层次的，从低到高依次是生理需求、安全需求、社交需求、尊重需求和自我实现的需求。标准化绩效管理通过客观公正、公开透明的评价尺度和评价办法，直观展现了每个人的工作成绩、能力素质，激励每一个人积极进取，担当更大的责任，实现更大的价值。

四、为事业发展提供保障

一个组织的发展和进步，是多种因素共同作用的结果，包括外部环境、机遇等条件，也包括组织内部的队伍素质、制度建设、管理水平等因素。标准化绩效管理为组织提供的不仅仅是一个考评、奖罚的手段，更重要的意义在于，提供了一个科学长效的管理机制，通过不断改善内部制度环境和人文环境，为组织的持续发展创造更多的有利条件。

其一，可以有效保证战略目标的实现。战略目标，是一个组织在某一时期内希望达到的最高成果或状态，也是引领和推动这个组织行进的方向和使命。如何保证愿景变为现实？需要对战略目标层层分解，使这一战略目标变成一个个可量化、可测量的目标指标，落实到每一个具体的工作岗位上、每一名干部职工肩上。让每一个人深刻理解组织的战略和使命，并清楚了解组织对个人的绩效期望。通过有效的管理手段，确保完成每一个具体的目标指标，以个人的努力、个人绩效的提升促进组织绩效的提升，最终实现组织的战略目标，推进组织的持续发展。实施标准化绩效管理，从组织目标、年度任务的分解，到监控、考评和改进，正是保证战略目标实现的最直接、最有效的工具和方法。

其二，可以构建客观公正的制度环境。制度，是维系一个组织、一个部门持续发展的"纲"。管理的最高境界是实现每个人的自我管理、全面发展，规范的制度管理是实现自我管理的必由之路。标准化绩效管理，就是以标准化的制度体系作为管理的基础，以客观公正的评价标准作为尺度，着力构建科学完善的管理体系和内部运行机制，把制度建设融入管理的各个环节，为事业持续发展创造更加有利的制度环境。

其三，可以形成自强不息的人文环境。标准化绩效管理不只是一种管理工具，也是一种管理文化、价值理念。通过制定具体的目标，可以更好地把干部职工的心智引导到工作上来，全身心地研究工作、推进落实；节点的监控，能够进一步规范每个人的工作行为；持续的改进，能够更好地发现自身的不足，不断地改进提高；公正公平的绩效结果，激励大家主动而为、积极工作，逐步形成风清气正、干事创业、自强不息的人文环境，为事业持续发展打下坚实的基础。

其四，可以为组织发展提供持续的人力资源保障。通过闭环式管理，不仅可以发现干部职工素质和能力上的不足，进一步明确改进的方向和培训的重点。由此，可以组织开展有针对性的培训，使个人能力和整体素质水平得到不断提升。更为重要的是，标准化绩效管理还为组织培养和选拔优秀人才提供了一套较为科学的机制，通过持续不断的激励、培养和选拔，为优秀人才提供平台和机遇，使其发挥更大的作用，为事业发展提供坚实的人力资源保障。

其五，可以形成组织的绩效文化。标准化绩效管理的运行过程，实际上也是文化灌输的过程。通过管理流程的各个环节，使各层级的领导干部和广大干部职工明确，我们的目标是什么，我们鼓励什么、反对什么，最终使绩效文化被大家所理解、接受并自觉贯彻执行。标准化绩效管理所形成的绩效文化，内化于心就是每个人的价值取向，以任劳任怨、勤勤恳恳、履职尽责、追求卓越为基础，融入思想，化为立场；外化于行，就是要求每名干部职工热爱自己的岗位，明确自己的目标，制定自己的计划，并与组织达成"契约"，主动而为、自觉而为，向上向善，积极进取，激发内在动力，最终实现自我管理、自我提升、全面发展。

第五章　标准化绩效管理体系的构建

第一节　刚柔并济的管理模式

行政部门构建标准化绩效管理体系，是一个复杂的系统工程，不仅需要将标准化管理和绩效管理紧密结合起来，更要着眼治理体系和治理能力现代化，遵循行政管理的基本规律，实现现代管理理念、工具及方法和优秀传统管理思想的有机融合。在实际操作中，应按照"精细化设计、便捷式操作"的思路，以建立持续激发内生动力的长效机制为目标，继承、整合并发扬战略管理、行为管理、目标管理、过程控制、质量管理等现代管理的理念、方法及中国传统文化中的"仁义忠恕"等优秀思想，努力构建客观公正的制度环境和自强不息的人文环境，经过不断的改进完善，初步建立起科学规范、运行高效的标准化绩效管理体系。这一管理体系可概括为"一基础、四环节、一主线、一支撑、一保障"，即"以标准化为基础，以绩效计划、绩效监控、绩效考评、绩效改进为主要环节，以绩效沟通为主线，以信息化为支撑，以结果应用为保障"，整个流程环环相扣、协调运转，成为行政管理的大平台、总抓手（标准化绩效管理体系框架见图5-1）。

标准化绩效管理，充分吸收现代管理理论的精华，在管理体系设计上，着力实现制度建设的"刚性"和人本管理的"柔性"紧密结合，在关注近期目标的同时，更加注重通过树立正确的价值理念、行为理念，引领组织（部门）和个人的持续、长远发展；在关注组织（部门）绩效的同时，更注重干部职工个体素质和能力的全面提升。在实践中，确定建立持续激发干部内生动力长效机制的目标，积极倡导"让决策变为行动，把理想落在岗位"，并将标准化绩效管理体系应具备的主要特征细化为九个方面，努力构建客观公正的制度环境和自强不息的人文环境。

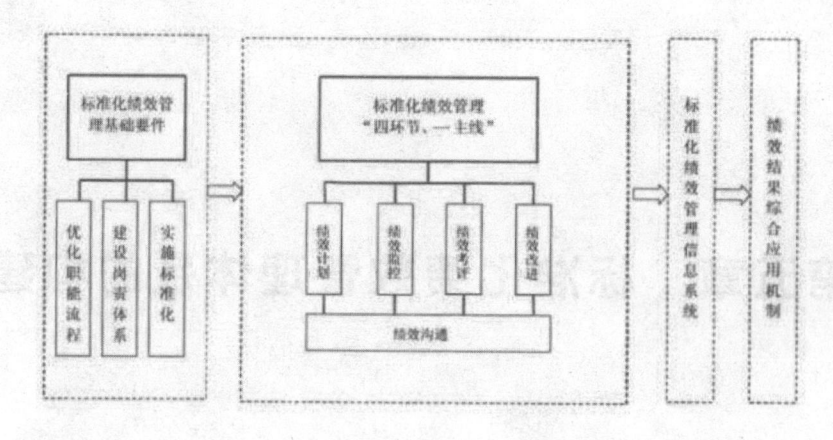

图 5-1 标准化绩效管理体系框架图

一、整体思路

(一) 用制度规范行为

管理大师德鲁克认为,一个不重视制度建设的管理者,不可能是一个好的管理者。同时,人本管理的形成,也只能是在现代管理制度建立以后,"科学管理以后再实行'人本主义'的感情管理,才是最有效的管理之路,没有从严的科学管理过程,一开始就实行感情管理是要坏事的"。从各级行政管理现状来看,还远未达到治理体系和治理能力现代化的水平和高度。所以,从组织战略目标和团队建设的角度来定位,首先应该建立的是一个系统的、闭环的、科学有效的现代治理体系,把制度建设融入管理的各个环节。也就是说,以刚性的制度建设为基石,用系统完备的长效机制来提升水平、规范行为,为事业持续发展创造更加有利的制度环境。

(二) 用机制持续激发内生动力

一个组织的各项管理都应以调动和激发人的积极性、主动性和创造性为根本,追求人的全面发展,这是管理的实质内涵。主观上多数人都是向上向善的,每个人本身都具有一种内在的工作积极性和主动性,问题在于运用什么方法把他们调动或激励起来。标准化绩效管理就是通过制度设计,引导广大干部职工做正确的事、正确地做事、把事做正确,主动而为,自强不息,实现组织(部门)发展由以外生推力为主向以内生动力为主的转变。因此,组织(部门)应为每名干部职工创造促进绩效提升的环境与机会,建立一种从目标共识,到全程参与,再到结果公平的管理机制,形成个人主动设定工作目标、自觉审视工作表现、自愿提升工作绩效的参与性管理过程,鼓励和引导广大干部职工积极投入到标准化绩效管理的各项具体工作，开放式沟通、广泛性参与，让每个人都清楚地认识自己的岗位和环境，明晰自己的目标和职责，明确个人的工作预期和成长方向，并尽最大可能、最大限度地追求绩效结果的客观公正，确保干部职工对结果服气。简单讲，就是让广大干部职工任务明确、预期明确、结果服气，才能不断强化思想认同，激发内生动力，进而培育出绩效文化，逐步使标准化绩效管理的价值理念内化为每一个人的自觉行动。

二、主要特征

（一）战略性

战略思维决定方向，战略性是保证标准化绩效管理体系方向正确的前提和基础。构建这套管理体系，必须从全局和战略高度，对行政部门业务管理进行重大的、全局性和长远性的谋划和决策，提出明确的战略意图，形成有效的战略导向。一方面，以战略规划引领标准化绩效管理。根据行政部门的使命和愿景，通过战略分析和战略选择，"旗帜鲜明"地提出战略决策和长期目标，从而为标准化绩效管理提供管理目标和行动框架，由过去单一的日常管理、常规管理转变为以战略导向引领日常管理和常规管理，实现管理理念和管理方式的根本性转变。另一方面，以标准化绩效管理为主要载体和抓手来推动战略实施，把战略目标贯穿于日常、分解到个人，通过提高个人的日常绩效来提高部门的战略绩效，从而一步步推动战略目标的实现。

（二）民主性

民主是人类迄今最好的政治制度，民主性是标准化绩效管理体系的生命力所在。对行政部门每一名干部职工来说，标准化绩效管理是一项全新的事物，是一次管理理念、方法的革命。只有充分发扬民主，并将民主的理念贯穿于标准化绩效管理体系之中，才能最广泛地调动广大干部职工的积极性、主动性，集众人之智，聚众人之力，做好这项开创性的工作。构建这套管理体系，必须充分反映广大干部职工的意愿，充分保障广大干部职工的合法权益。一是民主决策。在制定管理规则时，应鼓励和引导广大干部职工积极投入到各项具体工作中，开放式沟通、广泛性参与，增强对标准化绩效管理的认同感。同时，上上下下，反复讨论，集思广益，最大限度地集合大家的智慧，确保体系构建的决策正确。二是民主管理。每一名干部职工既是管理对象，也是管理者，应一同研究制定绩效指标，一同开展日常管理，一同参与考核评价，一同开展绩效改进，形成民主式管理。三是权利民主。增设必要的环节和工具，确保广大干部职工的合法权益。比如，对绩效考评结果有异议的，可以按照设定的申辩申诉程序给每一个人充分表达自己意见的机会。

（三）全面性

全面是完整和周密的保障，全面性是标准化绩效管理体系需要具备的一个非常重要的特征。标准化绩效管理不是单纯只为了解决管理中的问题，更不是"头疼医头、脚疼医脚"，而是一次行政管理机制和模式的整体革新。因此，在体系设计、管理范围、管理对象上，必须实现全覆盖、全方位、全过程。一是全覆盖。管理内容覆盖业务工作的各个环节和各个方面，管理对象涉及各级单位（处室）及全部工作人员，实现标准化绩效管理对行政部门管理系统的全覆盖。二是全方位。在对部门内部各单位（处室）和个人的工作过程、工作结果进行管理的同时，还对单位（处室）的党风廉政情况和个人的德、勤、廉进行评价，将公务员考核要求的全部内容纳入绩效管理范畴，实现对各级单位（处室）和个人绩效的全面管理和评估。三是全过程。标准化绩效管理涉及行政部门每项业务工作的各个流程、各个环节，既要实现工作任务、要求的源头管理，又要实现对工作流程、工作进度和工作风险的监控，还要实现对工作结果的测量和分析，为工作和个人的持续改进找到方向。

（四）系统性

系统思维是从整体性、层次性、结构性、功能性和动态性等方面加以分析，系统性是保障整套体系协调运转的基础。从整体出发，对标准化绩效管理从体系架构、指标设置、评价指标及方法进行通盘考虑，才能使这套管理体系能够发挥出最优的整体效益。一是制度体系上下衔接。应统筹考虑当前和长远、行政部门内部和下属单位，整体设计推进方式、步骤及各级管理制度，形成上下衔接、统一规范的绩效管理制度体系。二是指标体系上下贯通。将部门战略目标和各项工作细化分解为可监控、可追溯、可考评的指标，是标准化绩效管理的基础。应按照统一的规范和要求，科学设定本部门、各内部单位（处室）、（岗位）个人等多级绩效指标及部门对下绩效管理目标指标，构建起上下贯通的绩效目标指标体系。三是同类指标考评标准和方法保持一致。绩效考评是标准化绩效管理的关键环节，共性指标、涉及多单位指标和统一分类指标必修做到统一设定，保证结果可比，只有这种标准统一、口径一致的做法，才能保证绩效考评标准和方法的系统性。

（五）客观性

客观是减少人为干预、达成共识和实现结果认同的重要保障，客观性体现在标准化绩效管理体系的管理过程、评价结果的各个环节、各个方面。一是数据的来源相对客观。在标准化绩效管理中，信息来源应尽量减少主观因素，更加注重依托信息化平台，对工作流程进行节点控制和提取各种信息，提高各种信息的准确度和客观性。二是管理的过程相对客观。标准化绩效管理的环节、流程、标准和尺度要做到统一规范、具体明确。三是评价的结果相对客观。对行政部门来说，在组织结构上表现为层级多、单位（处室）多，业务流程种类繁多，而且有些工作难以定量测量，需要在多个评价手段和评价因素中寻求支点和平衡。因此，需要综合采用各方面的信息进行评价，实现内部评审和外部评审相结合、内部监督和外部监督相结合，以及人工评价和信息化支撑相结合，使管理过程、评价结果客观地反映工作实际。

（六）公平性

公平，指公正、合理，不偏不倚，唯有公平才能获得广泛的支持。公平性是标准化绩效管理体系的基本要求，从管理起点，到过程，再到结果，都必须追求相对客观的公平公正。第一，起点公平。作为政府组织，单位（处室）之间、岗位之间，不应有先天差异。对于个人来讲，也不应该还没有出发就已经输在起跑线上。只有起点公平才能更好地被人接受，才能更好地激发人的内在动力。因此，在设计之初，就必须坚定地选择起点公平这一理念。第二，过程公平。很多组织的绩效管理就是"一头一尾"，一头就是制定目标，一尾就是年底打分，中间忽略了绩效辅导、过程管理和绩效提醒。如果缺少这些过程管理环节，就不是一个公正的、公平的、完整的管理系统。因此，需要强化过程管理，实现过程留痕，将单位（处室）和岗位（个人）的日常表现真实地记录下来，并作为绩效考评的重要依据，从而做到工作过程公平。第三，结果公平。绩效考评结果的公平，是绩效管理客观公正性的最终体现。在绩效考评阶段，使用科学量化考评标准，从多个维度开展评价，可较好地解决主观判断失实、失真等问题。同时，还需要统筹考虑工作量大小和工作难度差别，有效消除内部单位（处室）之间对考评标准宽严掌握的差异以及单位（处室）间、（岗位）个人间职责先天的分工差异，从而实现绩效结果的公平、公正。

（七）开放性

开放是事物通过对外交流来适应环境、得以生存和实现发展的必然选择，开放性是标准化绩效管理体系生命力和可持续发展的一种重要表现。标准化绩效管理是一个闭环式管理系统，但不是封闭式管理。恰恰相反，它应是一个开放性的、螺旋式上升的良性循环。一是绩效管理和标准化管理开放式融合。标准化绩效管理体系的建设和运行，以标准化管理为依托，并纳入标准化管理范畴进行检测控制。就流程设计而言，绩效管理的核心流程应以全面质量管理的PDCA（计划—执行—检查—改进）为基础；就体系运行而言，标准化管理注重流程规范和过程监控，可为绩效管理提供衡量标准、控制节点、考评依据，绩效管理为标准化管理提供工作导向和实效认证，两者相互融合，形成具备自我稳定、自我完善等动态调整功能的开放性管理系统。二是管理系统能够有效吸收外部信息。一方面，应实现与办公自动化、业务管理系统有效对接，并逐步实现一体化运行，将管理和工作完全融为一体；另一方面，还应注重借力相关行政部门、服务对象评议代表等外界力量，对行政部门及其干部职工开展监督，内外部监督相结合，更加体现开放性的特点。三是管理过程开放式展示。展示管理内容、标准、程序和结果，并根据实际需要公开一定比例的结果排名，每个人都可以查看自己和本单位（处室）的绩效管理过程和考评得分，可以提出体系改进的意见建议。

（八）适用性

适用是决定体系建设成败的关键因素，适用性是体现标准化绩效管理体系科学性、先进性和可行性的重要特征。一方面，精细化设计、便捷式操作。在体系设计环节，通过反复测试、反复推演，关注每一个细节，确保大的制度框架和软件操作平台建立后，实际运用起来非常简单易行，不仅不会给工作带来额外负担，还要大大降低管理成本、提高工作效率。另一方面，管理体系"标准化"。设计标准化绩效管理体系时，应按照ISO9000质量管理和质量保证系列标准，建立可推广、可复制的管理制度、管理流程、指标模板。同时，应充分运用现代管理科学和技术手段，破解行政管理中的共性难题。比如，针对行政工作难量化和指标软的问题，对办文、党建、人事、后勤等不易量化的工作，应在开展标准化规范业务流程的基础上，从工作步骤、时限要求和完成质量等多维度确定考核标准，使软指标有硬杠杠；针对不同职务之间工作难度和工作量的衡量问题，应增加上级领导、下级干部职工等多维度的人工评价，确保结果更加公平；针对不同单位（处室）、不同（岗位）个人结果不可比的问题，需引入数学、统计学原理及公式，为各项工作设定同一坐标系和客观的"参照物"，做到准确衡量各项工作（指标）、每名干部职工的工作努力程度。

（九）人文性

人文是先进的价值观及其规范，集中体现为重视人、尊重人、关心人、爱护人，是人类文化中的先进部分和核心部分，人文性是标准化绩效管理体系应有的一个最重要的特征。长远看，标准化绩效管理必须建立在人本主义思想之上，以关注人的发展为目的。在这种管理模式下，人不再是简单地被指令、约束和控制，更多的是授权、自主和激励。管理的过程，不仅强调目标和结果的实现，更加关注个人的行为表现和投入程度，更加重视个人素质和能力的提升，更加强调个人的成长和发展。首先，在目标定位上，更加体现对人的关注。标准化绩效管理的一个基本功能，就是将战略目标分解到单位（处室），将组织目标分解到（岗位）

个人，告诉每名干部职工怎样认识岗位、确定目标，怎样去做，做到什么程度，然后通过沟通改进去实现工作目标、改善绩效水平，并最终养成良好的工作习惯，从而实现战略目标引导和个人内生动力的有机结合。同时，在标准化绩效管理实施过程中，着力培育绩效文化，逐步使标准化绩效管理内化为每个人的自觉行动，激发行政部门广大工作人员的内在动力和活力，最终实现自我管理、自我提升、全面发展。其次，从管理重心来说，改变以往自上而下发布指令、检查结果的管理模式，要求领导干部之间、广大干部职工之间进行持续有效的沟通、反馈，帮助认识不足，实现自我改进，进而实现组织和个人的共同发展。简单地说，其管理重心是节点和过程，注重的是广大干部职工思维习惯、工作方法的训练和养成。第三，运用先进的方法和科学的手段，旨在引导个人在自我发展的同时，关注组织、关注团队、关注他人。在此过程中，组织与个人、个人与个人之间逐渐形成互相信赖的绩效伙伴关系，不断培育目标认同、价值认同、思想认同，共同实现组织、团队和个人目标。

第二节　环环相扣的良性循环

有了明确的建设目标和特征要求，下一步要做的，就是设计标准化绩效管理的核心框架。按照管理的一般规律，需要确定管理对象、管理流程及各种管理工具和方法。从标准化绩效管理要实现的核心任务看，至少包括建立绩效管理运行体系、绩效指标和评价体系两方面内容。简单讲，就是将各项工作转化为可量化、可监控、可评价的绩效目标指标，以绩效目标指标为管理对象或载体，实现对所有工作、全部单位（处室）和岗位（个人）的全过程管理。实际工作中，整合企业绩效管理流程和标准化管理PDCA模式，将标准化绩效管理流程设定为"四环节、一主线"，即以组织战略目标为牵引，由绩效计划、绩效监控、绩效考评、绩效改进四个相互联系、相互依存的核心环节组成的循环系统，并以绩效沟通为贯穿全过程的主线；同时，以标准化管理为依托，整合应用多种绩效管理工具，采取"战略目标分解+基于职责的目标管理"模式，在确定"改革统揽、绩效导向、科学规范、善治有为"总体思路的基础上，结合单位（处室）、岗位（个人）基本职责，将战略目标和各项工作层层分解，建立起绩效指标和评价体系。

一、标准化的管理运行体系

广义上说，一个完整的绩效管理循环，是以确定战略目标为起点，涵盖计划、实施、考核、反馈、改进和结果应用在内的良性管理闭环。从管理实践来看，考核后的结果反馈已经演进为全过程的绩效沟通。在标准化管理体系中，PDCA循环作为全面质量管理的核心思想，有效地保证了全面质量管理目标的实现，而且还揭示了"实践—认识—再实践—再认识"的逻辑规律。标准化绩效管理核心流程充分吸收这些思想和方法，确立了"四环节，一主线"的核心流程：以绩效计划（P）、绩效监控（D）、绩效考核（C）、绩效改进（A）为基本环节，同时合并绩效管理的沟通机制和标准化管理的反馈机制，以"绩效沟通"为贯穿全过程的主线。整个流程环环相扣、协调运转。各环节的主要内容见图5-2。

（一）绩效计划

计划是行动的指导，绩效计划是标准化绩效管理的起点和管理循环中的首要环节。制定绩效计划就是各级领导干部和广大干部职工共同讨论确定，在一个管理周期（一般为1年）内应该完成什么工作和达到什么程度的过程，也就是确定绩效目标指标、约定完成标准的过程。每年年初，根据组织战略目标、年度目标任务，以标准化管理为基础，通过全员参与、双向沟通来设定一致认同的绩效目标，并按照"目标导向，指标支撑"的原则，将每一个目标相应分解细化成符合实际的若干绩效指标，以"契约"形式落实到所有单位（处室）和岗位（个人），形成单位（处室）和岗位（个人）绩效计划，达成目标认同和共识。每年通过制定绩效计划，使单位（处室）和个人都能对全年干什么、怎么干、干到什么程度，了然于胸，真正实现"千斤重担众人挑、人人头上有指标"。

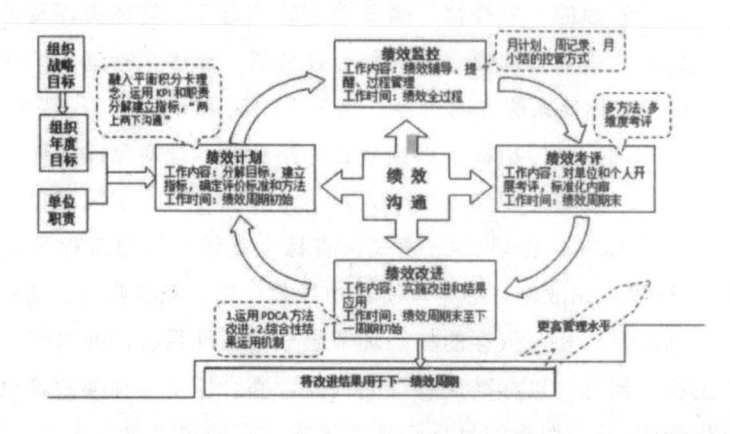

图5-2　标准化绩效管理核心流程"四环节、一主线"分解图

（二）绩效监控

绩效监控主要是对绩效计划落实的指导和监督，是绩效目标指标正确理解和有效执行的关键环节。传统的目标管理强调的是结果导向，而标准化绩效管理强调的是过程控制、全程管理。实施绩效监控，目的在于持续跟踪和关注广大干部职工的日常行为，通过反馈、指导、培训、提供支持等各种方式，及时纠正工作与目标任务之间出现的偏差。在绩效监控环节，主要设置了绩效辅导、过程管理

和绩效提醒三项内容。其中，绩效辅导主要是对标准化绩效管理体系各项内容的培训、解读和指导，方式包括业务培训、会议传达、工作面谈、平台交流等多种形式；过程管理主要是对绩效目标指标执行情况进行过程考量和节点控制，实行"周记录、月计划、月小结"的管控模式，可以全面掌握各项业务工作的完成情况，同时了解当前和今后一段时期需要开展的业务工作；绩效提醒是指对绩效目标指标执行以及其他相关工作不到位的情况做出提醒或督导，实现工作动态纠偏，确保各项工作顺利推进。

（三）绩效考评

绩效考评指运用系统、科学的方法，按照事先约定的标准，评定和测量单位（处室）和干部职工的工作行为、工作效果及其贡献和价值。绩效考评分为季度考评和年度考评，是绩效管理的重要内容和实现手段。在绩效考评环节，注重做好"三个坚持"：坚持"两手抓"，对单位（处室）采取业务工作指标和党风廉政建设指标"双千分"考评，对个人采取业务工作指标和个人德勤廉指标"双百分"考评。坚持客观公正，考评数据来源于日常管理的过程留痕；单位（处室）与单位（处室）之间、不同岗位（个人）之间，通过科学换算办法，实现在同起点上公平竞争；考评过程在绩效管理系统平台上进行，依靠现代信息手段排除人为干扰；考评过程和考评结果公开公正，处室和个人对考评结果有异议的，可提出申辩申诉。坚持奖优罚劣，实行创新性和突破性工作特别加分、重大失误特别扣分等制度。

（四）绩效改进

绩效改进既是绩效管理的目的，也是绩效结果的应用。主要内容是针对绩效考评和标准化内审发现的问题，同时进行跟踪、汇总、分析和改进，形成螺旋上升的开放式管理循环。一是对考评结果进行分析诊断，评估和衡量各相关工作流程是否按照标准执行，执行的情况如何，发挥标准化绩效管理的倒逼作用，减少评审结果的不合格项，提高标准化管理质量。二是对标准化绩效管理工作程序及其依据的适宜性、有效性进行评审，评估和检测绩效目标指标设定是否符合实际工作，绩效指标标准是否科学，及时制定绩效改进计划，促进绩效结果的不断提升。同时，单位（处室）和岗位（个人）对本年度绩效目标指标运行和完成情况进行全面总结，认真查找在责任心、能力、作风等方面存在的问题，有针对性地制定改进提升计划。

（五）绩效沟通

绩效沟通是标准化绩效管理的灵魂与主线，贯穿于管理各个环节，是整个管理中耗时最长，也最为关键、最能产生效果的过程。这个过程的逻辑关系是反复的绩效咨询与绩效解答，并在每个环节都有不同的沟通目的和内容。比如，在绩效计划环节，采取"两上两下"方式，就绩效目标指标体系及评价标准进行反复沟通商讨，达成一致；在绩效监控环节，单位（处室）和岗位（个人）之间可以通过绩效辅导、"周记录、月计划、月小结"审核、绩效提醒和提醒响应等方式，进行适时沟通等等。一言以蔽之，标准化绩效管理追求各级之间、同级之间的广泛合作和持续沟通，通过上下级的共同努力完成工作任务、实现战略目标。

在实践中，针对各部分工作实际，制定了可在各级推广的体系模板，同时按照标准化绩效管理的基本要求，对市县财政部门实施财政业务工作的绩效管理，实现了对各级财政业务工作目标引导、过程控制、考核评价及持续改进的全程管理。其中，为确保各级行政管理的自主性，同时保证各项财政工作的落实，对各级财政部门年度业务工作的绩效管理不针对部门内部单位（科室）和岗位（个人）；对财政业务工作的绩效监控主要体现为过程管理，包括系统设定的节点管理、季度分析、半年自查等形式，代替"周记录、月计划、月小结"的内部监控方式；只进行年度考评，对半年或季度不再开展日常考评。

二、标准化的绩效标准和评价体系

只有将各项工作转化为明确的绩效目标指标，设定清晰明确的评价标准和评价方法，才能使标准化绩效管理具有可操作性。标准化绩效管理体系建立之初，就需要根据部门实际，按照标准化管理的要求，设计绩效目标指标框架及目标指标的基本要素，以后每年年初都需要在这一框架下，制定当年具体的绩效目标指标，形成当年的绩效计划。因此，绩效目标指标与评价体系的建立和完善既是标准化绩效管理基础中的基础，又是每年绩效计划阶段的核心工作。

在标准化绩效管理中，绩效目标指标体系是以战略目标为引领的三级框架结构，年度绩效目标由战略目标分解形成，一级指标为部门指标，二级指标为单位（处室）指标，三级指标为岗位（个人）指标，从绩效目标到各级指标的逻辑关系是逐级分解、逐级派生。在编制方法上，整合应用目标管理法、关键绩效指标法、平衡计分卡法等绩效管理工具，采取"战略目标分解+基于职责的目标管理"构建模式，根据战略目标确定年度绩效目标，按照各项工作的逻辑关系、工作流程，依据岗责层层分解到单位（处室）和岗位（个人），形成各级关键绩效指标，同时基于单位、岗位基本职责，开展工作分析，编写单位、岗位职责说明书，确定工作目标，提炼绩效指标，强调绩效指标对战略目标的支撑性，注重指标之间的逻辑性、差异性和协同性；在指标内容上，涵盖省委省政府等上级工作部署、部门年度创新性突破性工作、岗位基本职责等各个方面，实现业务工作全覆盖；在评价标准上，按照"跳一跳，摘得到"的原则，依据上级要求、历史水平、同行业先进水平三个方面，从时间、质量、数量三个维度进行确定，形成可衡量的指标标准；在指标落实上，不搞强行摊派，经过几上几下的反复沟通，达成目标共识，将个人与组织的目标统一起来。

这里需要搞清两个概念，一个是目标，一个是指标。目标和指标是一个相对概念，实质内容上一脉相承。具体来说，相对于一个部门，单位（处室）的目标就是支撑组织目标得以实现的指标。比如，2020年，某省财政厅全年省级收入目标是×××亿元，非税收入管理局的全年收入目标××亿元，这××个亿就是支撑省级×××亿元财政收入目标的指标，同时也是非税收入管理局的单位（处室）目标；非税收入管理局××亿元的目标如果需要具体工作人员去落实，那么再细分，以此来确保省级财政收入目标的实现。可以看出，目标和指标是相对的，目标通过层层分解转化为指标，最终形成一个层级分明、支撑有力的绩效指标体系。

这样的规则制定，能够确保每年的绩效计划既涵盖财政业务的各项目标，又涵盖各项目标实现的具体措施要求。也就是说，各项业务目标即绩效目标，实现业务目标的具体工作和具体措施体现为绩效指标，完成业务工作的步骤及工作标准体现为绩效指标评价标准中的时间节点、数量和质量要求，用绩效指标分级设立及节点管理来完成各项业务目标，实现了绩效目标指标对业务目标的全面支撑。

2020年，某财政厅设多少项绩效目标、多少个一级指标，一级指标又分解为x个二级（单位）指标，二级（单位）指标又进一步分解为x个三级（岗位）指标。比如，绩效目标"强化政府专项工作服务与管理"包括"政府采购管理""农村综合改革""政府债务管理""综合治税""地下水超采综合治理""规范津补贴""严肃财经纪律""政府投资管理"和"其他领域改革支持"等x项一级指标；"政府债务管理"一级指标包括x个二级指标，其中的"政府性债务偿还与举借计划管理"二级指标又分为"省级政府性债务举借和偿还计划审核"和"省级举借债务审核备案"2个三级指标。从这个例子可以看出，从目标到指标分解、派生的清晰脉络，既目标通过层层分解转化为指标，最终形成一个层级分明、支撑有力的绩效指标体系。

第三节 必不可少的基础和配套

想把系统的房子盖好，夯基立柱的工作必须做扎实。标准化绩效管理需要建立在科学规范的标准化管理基础之上，层次分明的组织架构、权责匹配的岗责体系、规范的业务流程和操作标准、明确的过程节点和控制规则，这些都是实施绩效管理的重要基础。同时，只有绩效结果的有效应用才能为标准化绩效管理提供强劲的动力源泉，实现便捷式操作、确保高效顺畅运行还需要有力的信息技术支撑。

一、优化业务流程

不少部门都存在业务流程固化的问题，部分工作环节多、流程长、手续繁琐，甚至有些流程重复，协调沟通需花费大量时间，工作效率大打折扣。这些问题会直接影响标准化绩效管理的实施，特别是会造成绩效跟踪信息分散及绩效指标考评数据交叉或重叠，无法客观、真实地体现工作努力程度，难以实现绩效管理预期目的，甚至会产生一些负面影响。这些情况无疑都是标准化绩效管理前进路上的"绊脚石"。业务流程优化就是在分解和诊断各项业务流程的基础上，重新设置管理过程，全面确认业务工作的作业流程，追求整体最优，而不是个别最优。通过系统的重新调整和优化，明确每一项业务如何运作，包括因何而做、由谁来做、如何去做、做完了传递给谁等几个方面的问题，简化办事程序、缩短办事时限，降低时间成本，提高工作效率，还可以有效地减少报批材料，为标准化绩效管理铺好"垫脚石"。

二、建立健全岗责体系

岗位职责是指一个岗位所要求的需要去完成的工作内容以及应当承担的责任范围。岗责不明会造成个人职责交叉，绩效指标重叠，进而影响工作进度，出现人多干活慢、人多不干活、活多没人干，以及干多干少、干好干坏、干与不干差不多等弊端。通过完善岗责体系，明确岗位设置，清晰界定单位和岗位的工作职责、工作内容、工作权限，综合考虑工作量和工作难度，以事定岗、以岗定责，科学编写职责明确、权责协调的岗责体系和任职资格体系，实现人员数量、能力与工作任务合理匹配。可以保证绩效指标具体分配到人到岗，从而让每个人通过标准化绩效管理了解自身的工作内容，在实际工作中，明白自己该做什么、不该做什么、该怎么做，以及怎样才能保质保量地完成工作。

三、编制标准化管理体系文件

标准化管理"全员、全面、全过程"的管理模式，为在绩效管理中制定全面覆盖所有人员、所有工作的指标体系提供了可靠依据；严格的规则、明确的关键节点控制，为绩效管理提供了一套通用性较强的衡量依据，为绩效指标设置提供了可供选择的时间节点及考评标准。就像前文所说，标准化管理犹如一列高铁，按照严格的轨道交通规则，搭载全部干部职工，以最快的速度贯穿全程，抵达目标地。同时，在列车行驶过程中，每节车厢持续发力，互相紧密衔接，在关键站点停靠，乘客凭票证秩序上下，做到过程留痕。对行政部门来说，标准化管理工作是推行标准化绩效管理的重要基础，只有依照 ISO9000 系列标准对重复性事务制定、发布和实施"标准"，将部门业务管理流程以标准化制度的形式固定下来，实现行政管理行为的规范统一、过程控制，才能建立起秩序井然、高效运转的内部管理机制。

四、激励有效的结果应用体系

绩效结果科学运用是绩效管理具有生命力的关键。应坚持以正向激励为主，综合应用绩效考评结果。一是将单位（处室）绩效考评结果作为单位（处室）评先评优、年度考核、其他奖励以及实施惩戒的主要依据。二是将个人绩效考评结果作为选拔任用、轮岗交流、评先评优、年度考核、学习培训、其他奖励以及实施惩戒的重要依据。特别是要将绩效结果作为干部选拔任用的一个重要条件，形成公平公正公开的选人用人过程。这种机制不仅能够有效激发广大干部职工的积极性、主动性，更能为标准化绩效管理的顺利推行提供强大的动力保障。

可建立"以德为先、绩效导向"的选人用人机制，将绩效结果作为干部选拔任用一个重要条件，实行绩效初选、民主推荐、能绩评定、党组研究的基本程序和方法，形成了公平公正公开的选人用人过程。在符合任职资格条件的人员中，根据其规定年限内绩效考评分值，按照选配职位数量的一定比例，由高到低确定进入民主推荐范围的人员。如选配正处职位1名，采取1：5的初选比例，则绩效考评得分前5名进入初选范围。运用这一机制选拔了处级干部。当然这些被提拔干部中有的是挑大梁的业务骨干，有的是长期默默奉献的"老黄牛"，但共同特点就是实绩突出、群众公认，由于导向鲜明、用人公正，必然会引起强烈反响，经过实践证明，如此被提拔的人才，在不同的岗位上取得了骄人的成绩。选人有标准，用人有依据，大家信得过。同时，依据考评结果，评选优秀集体和先进个人。考评结果的真正运用，在干部职工中引起很大震动，不仅建立起广大干部职工对标准化绩效管理的信任基石，更进一步激发了干部队伍干事创业的动力活力。

五、方便快捷的信息系统

离开先进的信息化技术作支撑，就无法实现管理过程的科学、高效、便捷，更无法实现绩效结果的客观、真实、可信。研究开发以标准化绩效管理为核心，集行政办公、核心业务办理为一体的信息化平台。该平台以标准化管理体系文件为数据基础，以绩效管理为核心流程，通过程序和规则设置对信息流程进行约束。在日常运行中，标准化绩效管理系统可从其他系统获取必要信息：从财政行政办公系统中，获取领导审批意见、公文流转（如事项、环节步骤、文件内容、时间和办理结果等）、督查督办、会议纪要等信息，作为强化过程管理和绩效考评的重要依据；从标准化系统中获取财政制度、工作流程、组织机构和岗位职责、人员管理等信息，为制订绩效计划、审核绩效指标、特别加扣分和申辩申诉提供依据；从预算编审、国库支付等业务系统中，获取预算编制、预算执行、监督和财政风险等相关绩效指标的时间节点数据，形成客观公正的指标执行数据。

此外，一个科学有效的管理体系，还离不开组织、人员、制度体系等全方位的支撑。在实际操作中，建立了规范的组织机构和制度体系。一方面，将组织架构分为"决策、议事、组织实施和具体执行"四个层级：党组会为决策机构，负责研究审定绩效管理重要事项；绩效管理改革领导小组为议事机构，负责绩效管理工作指导和重要事项审议，下设绩效管理改革领导小组办公室（以下简称绩效办），履行领导小组日常管理职责，绩效考评期间设立考评小组；绩效办、人事、纪检、机关党委、考评小组为组织实施机构；各单位为具体执行机构。另一方面，研究制定了关于全面推行绩效管理的指导性文件，并以此为纲领，自上而下统一制定绩效管理办法及实施细则，形成了"5办法3细则2方案"的全省财政系统绩效管理制度体系，即省市县三级绩效管理办法及实施细则（市县办法及细则为模板）、省对设区市财政工作绩效管理办法及年度实施方案、省对县（市）财政工作绩效管理办法及年度实施方案。同时，还制定了绩效管理特别加扣分规定、党风廉政建设考评办法、干部德勤廉考核评价办法、"以德为先、绩效导向、综合评价"选人用人"一意见两办法"等配套文件，形成了全面系统的绩效管理制度体系。

第六章 研究指标意义

第一节 目标指标的重要性

用标准化绩效管理抓工作，将各项目标任务转化为绩效目标指标是一大法宝。绩效目标指标越精准，工作落实质效越高。在绩效计划环节，应根据部门内外部实际情况，认真研究上级部署、本身职责，精准设定部门、单位（处室）和岗位（个人）所要达到的目标指标，以及实现目标指标的方法。也就是说，年度一开始就回答好5W1H，即"做什么（what）、为什么做（why）、谁去做（who）、对谁做（whom）、何时做（when）、怎么做（how）"等问题，确保各项工作有序开展、高效落实。

一、变"要结果"为共同谋划研究工作

英国作家路易斯·卡罗尔的儿童文学作品《爱丽丝漫游奇境记》里，有一段小女孩和猫的一段对话：

爱丽丝问："请你告诉我，我该走哪条路？"

猫说："那要看你想去哪里？"

爱丽丝说："去哪儿无所谓。"

猫说："那么走哪条路也就无所谓了。"

这个故事说的是什么呢？寓意是一个部门、一个单位（处室）、一个人要有明确的目标，当没有明确的目标的时候，自己不知道该怎么做，别人也无法帮到你，你自己也不会有什么行动，更不会取得什么成绩！

美国著名管理学家德鲁克认为，一个组织的使命和任务都必须转化为目标，而目标只有分解成更小的目标才更容易被发现、被管理。各级管理者只有通过目

标对下级进行领导，并以目标来衡量干部职工的贡献和产出，才能保证组织（部门）总目标的顺利实现。从各级行政部门管理现状来看，不少部门很早就引入了目标管理法，但大多还停留在"要结果"层面，接到上级任务后，普遍做法是马上部署到下级单位（处室）和干部职工，日常采取传统的文件、开会、汇报等督导调度方法，导致目标任务落实"走弯路"的现象时有发生，不仅影响工作效率，也使落实质量打了折扣。

福尔尼斯（Fournies）对来自世界各地的2万名管理人员做了一项调查，请他们列出无法按要求完成所分配任务的原因，排在前八位的原因分别是：（1）员工不知道该做什么；（2）员工不知道该怎么做；（3）员工不知道为什么做；（4）员工以为自己正在做（缺乏反馈）；（5）员工有他们无法控制的障碍；（6）员工认为管理者的方法不会成功；（7）员工认为自己的方法更好；（8）员工认为有更重要的事情要做。调查结果显示，前两个原因在所有回答中占据的比例高达99%，这就意味着，虽然大部分管理者自认为已经为员工布置了任务，进行了任务指导，但效果并不理想。

标准化绩效管理从绩效计划阶段就致力于解决这些问题。正如管理学家孔茨所说，"计划工作是一座桥梁，它把我们所处的这岸和我们要去的对岸连接起来，以克服这一天堑"，即对所有追求的目标及实现该目标的有效途径进行设计。计划的目的在于，为我们所做的事情制定规则，避免迷惑或匆忙行事，充分利用组织各项资源并减少浪费，以提高工作质效。在这一阶段，各级领导干部和广大职工一起，深入研究各项工作，一起制定绩效目标指标，对工作应该完成的标准达成共识，确保形成科学合理、切实有效的绩效计划，为全年目标任务的完成夯实基础。

经过摸索，创造性地提出"研究指标就是研究工作"，并将这一思想和方法切实落实到日常管理中。每年年初，各级都在深入分析、全面了解组织目标、年度重点任务的基础上，结合各自岗位职责，科学设定绩效目标指标及其评价标准、评价方法，一开始就摸清了目前工作进展，要达到什么水平，关键的目标指标有哪些，上下级之间目标指标有何联系，怎么把握等等，同时还要考虑完成这些目标任务的关键环节、关键节点在哪里，把这些关键的地方设定进绩效目标指标体系中，然后通过几上几下的反复沟通，形成广大干部职工对目标任务的认同和共识。这样一来，不仅执行者明白了工作完成时限、要达到的具体标准，执行起来得心应手，也愿意去主动完成，各级领导干部还可以运用指标去指导工作、调动工作，特别是在检查工作的时候，有了具体的抓手，直接对照计划检查具体指标的完成情况就可以了。目前，研究指标、制定指标已经成为每名干部职工的必修课、基本功，大家都清楚，工作是指标的来源，指标是绩效的基础，指标定不好，基础就没打牢，方向就会跑偏，不仅个人绩效上不去，单位（处室）乃至整个部门绩效也上不去。

那么，日常临时性的工作部署，特别是上级部署的急难险重任务怎么能够做到快速高效落实呢？标准化绩效管理也给出了答案。领导交办、督办一直是传统行政管理中较为有效的工作抓手，将这一抓手与标准化绩效管理体系有机衔接起来，接到上级临时交办任务后，通过办公会、周例会等迅速研究确定完成时限、标准，通过交办督办系统下发责任单位（处室），明确责任人员，同时形成绩效指标融入标准化绩效管理体系，即时开展日常管理和绩效提醒，全程监控工作进展，工作任务及完成情况通过"添指标法"或者指标"添项法"动态纳入绩效考评结果，有力地推动了上级部署的高效落实。

绩效指标"添项法"。针对上级临时交办、督办事项较多，且年初各单位（处室）承担数量难以确定的工作实际，设定了指标"添项法"统一结算的管理模式。绩效考评环节（季度考评或年度考评），统计各单位（处室）全年承担的交办、督办事项，剔除年初已经设为绩效指标的事项后，剩余每项设定为一个绩效指标，召集绩效管理领导小组成员单位（处室）主要负责人逐项评定指标权重，纳入承办单位（处室）指标体系，并按照指标权重动态调整所有指标基础分值。考评中，根据督办、交办系统记录的事项办理过程和记录，确定绩效指标完成情况。

二、把工作"拆分"成目标指标

山田本一是日本著名的马拉松运动员。他曾在1984年和1987年的国际马拉松比赛中，两次夺得世界冠军。记者问他凭什么取得如此惊人的成绩，山田本一总是回答："凭智慧战胜对手！"

大家都知道，马拉松比赛主要是运动员体力和耐力的较量，爆发力、速度和技巧都还在其次。因此对山田本一的回答，许多人觉得他是在故弄玄虚。10年之后，这个谜底被揭开了。山田本一在自传中这样写道："每次比赛之前，我都要乘车把比赛的路线仔细地看一遍，并把沿途比较醒目的标志画下来，比如第一标志是银行；第二标志是一个古怪的大树；第三标志是一座高楼……这样一直画到赛程的结束。比赛开始后，我就全力向第一个目标冲去，到达第一个目标后，我又以同样的速度向第二个目标冲去。40多公里的赛程，被我分解成几个小目标，跑起来就轻松多了。开始的时候，我把我的目标定在终点线的旗帜上，结果当我跑到十几公里的时候就疲惫不堪了，因为我被前面那段遥远的路吓到了。"

这个故事讲的是目标是需要分解的，一个人制定目标的时候，要有最终目标，比如成为世界冠军，更要有明确的阶段性目标指标，比如在某个时间内成绩提高多少。最终目标是宏大的、引领方向的目标，而阶段性目标指标就是具体的、有明确衡量标准的目标指标。

把战略目标和各项工作任务拆分成绩效目标指标是一个"技术活",需要借鉴运用一些成熟的绩效管理理论和工具。从传统行政管理转向标准化绩效管理在理念上是一次重大突破,但技术方法上则需要因地制宜、循序渐进。长期以来的管理理论和实践发展,为我们提供了诸多理论和工具。目前来看,可以借鉴采用的有以下几种。

（一）目标管理（Management by Objective,简称MBO）

目标管理（MBO）由管理大师德鲁克提出,是指管理者与每位员工一起确定可检测的目标,并定期检查这些目标完成情况的一种管理办法。目标管理建立在科学管理和行为科学理论之上,强调个人需求和组织目标的有机融合,体现了民主、参与和自我管理的管理思想,其优点是以目标共识激发个体的积极性、创造性,确保组织目标落地。

（二）关键绩效指标（Key Performance Index,简称KPI）

20世纪80年代以后,随着战略管理理论的发展,绩效管理理论和实践开始注重将组织战略与绩效管理相结合,关键绩效指标（KPI）在这种背景下逐渐产生和发展。关键绩效指标是指将组织战略目标层层分解,细化成一系列具体可操作的战术目标,然后根据这些战术目标制定出关键绩效指标的方法。其理论基础是意大利经济学家帕累托提出的二八原理,该原理认为组织战略的实现往往依赖20%的关键领域、关键流程和关键要素。采用关键绩效指标法的目的是建立一种战略目标层层落实机制,将战略目标转化为具体的内部工作过程,关注的不仅是最终结果,更关注实现组织战略目标的关键流程和关键要素。

设置关键绩效指标最为常用的方法是鱼骨图法。鱼骨图是一种发现问题"根本原因"的方法,其形状如鱼骨,因此称为鱼骨图,又称因果图。这一方法最早由日本管理大师石川馨提出,故又名石川图。其原理是问题的特性总是受到一些因素的影响,按照这些因素与特性值的相互关联,整理成层次分明、条理清楚的图形,并标出重要因素,就找到了问题的根本原因,或者说找到了成功的关键因素。

（三）平衡计分卡（The Balanced Scorecard,简称BSC）

随着管理学理论和实践的快速发展,绩效管理融入了众多的管理理论和方法。平衡计分卡（BSC）就是建立在系统论基础上的战略绩效管理体系。平衡计分卡将组织的使命、核心价值观、愿景和战略通过逻辑关系有效整合,形成包括财务、客户、内部流程、员工学习与成长能力四个层面的战略地图,并将战略地图的目标转化为可量化的衡量指标,以此来实施策略管理,其目的是将组织战略转化为具体的行动，以创造竞争优势。平衡计分卡是一种先进的、多纬度的绩效衡量模式，它不仅为组织提供了有效运作所必需的各种信息，克服了信息庞杂性和不对称性的干扰，更重要的是，它强调财务指标与非财务指标、长期目标与短期目标、外部评价与内部评价、客观判断与主观判断的有效平衡，为组织提供了系统协调的可量化、可测度、可评估性指标，从而更有利于组织战略与远景目标的达成。

平衡计分卡最主要的指标设置工具是战略地图（屋顶图）。战略地图是按照因果关系，将组织战略要素直观表示的一种方法。其形式通常如一座四层房子，顶端是组织的使命、愿景和战略，四层依次是：财务层面、客户层面、业务流程层面、学习与成长层面。战略地图是描述战略逻辑性、说明价值创造过程的管理工具，可将战略目标有效落实到执行层面。

对比以上绩效指标编制的理论和工具，各有侧重，各有利弊。比如，目标管理重视人的因素，能显著改进管理方式、形成自我管理的组织氛围，但是与组织战略目标联系不够紧密；关键绩效指标法强调对关键事项的考察，但横向关联性、协同性不足，容易导致"抓大放小""捡了西瓜丢了芝麻"；平衡计分卡被誉为当前最重要的管理工具和方法，但其管理系统复杂，过于强调财务、客户、内部业务流程和学习与成长四个层面的逻辑关系，成功推行的案例不多，在行政部门推行难度也较大。这就决定了建立绩效指标体系要从部门管理的实际出发，有针对性地选择、综合运用好各种工具，取长补短，形成合力，见表6-1。

表6-1 三种绩效管理工具比较表

绩效工具 特点	目标管理（MBO）	关键绩效指标（KPI）	平衡计分卡（BSC）
优点	重视人的因素 自我管理	战略导向，强调关键事项、结果	战略导向 强调平衡
缺点	与组织战略联系不够紧密	关键事项关联性、协同性不足	管理复杂，成熟度不高
指标设计方法	自上而下层层分解	鱼骨图法	战略地图（屋顶图）

这里重点说明关键绩效指标的确定。需要用好关键绩效指标法（KPI），着力做好以下几个方面：首先，确定导向，突出工作中心和工作重点。建立KPI体系的核心问题，就是要解决如何把组织目标分解成具体、可操作、全覆盖的绩效指标的问题。因此，作为管理者要首先明确所建立的KPI体系的导向是什么，主要包括战略目标是什么，年度任务的中心、重点工作是什么，关键的因素和关键节点在哪儿等等。导向明确之后，才能有针对性地建立绩效指标体系。其次，确定

主线。明确导向以后，就要着手做好KPI体系的分解，重点就是确定体系的主线。如何确定主线？要根据具体工作具体分析。一般情况下，建立KPI体系有两条主线，一条是按组织结构分解；另一条是按主要流程分解。有些情况下，还要两条主线交叉使用。事实上，这些主线就是工作的链条，把一个个链条理清了，工作自然也就摆布清楚了。这里要注意一点，无论按哪一种形式建立主线，都要涵盖全部工作。第三，确定节点。确定了体系的主线，理清了工作的链条，下一步，大量的、具体的工作，就是研究确定链条上的一个个关键环节，也就是研究具体的指标和关键的节点。标准化绩效管理涉及每个单位（处室）和岗位（个人），管理内容涵盖工作的各个环节和各个方面。因此，指标的设计和关键节点的确定，也必须覆盖工作任务和职责的所有重要方面、关键领域，特别是要包括单位（处室）的党风廉政建设和个人的德、勤、廉方面的内容。

实际工作中，紧密结合实际管理水平、业务特点，以标准化管理为依托，采取"战略目标分解+基于职责的目标管理"模式，建立绩效目标指标体系。在建立过程中，融入平衡计分卡"长期目标与短期目标、外部评价与内部评价、客观判断与主观判断有效平衡"的思想，强调绩效指标对战略目标的支撑性，注重指标之间的逻辑性、差异性和协同性。一方面，采用关键绩效指标法，融合鱼骨图和战略地图的分解技术，结合制订年度工作要点，确定年度工作目标，按照各项工作的逻辑关系、工作流程，依据岗责层层分解到单位（处室）和岗位（个人），形成各级关键绩效目标指标。另一方面，基于单位（处室）、岗位基本职责，开展工作分析，编写单位（处室）、岗位职责说明书，确定工作目标，提炼绩效指标。二者结合采取上级主导、"两上两下"的沟通方式，层层汇总，逐级审定，组织（部门）和单位（处室）、岗位（个人）达成"契约"。日常管理中，通过这些绩效目标指标，从事前、事中和事后多个维度，对单位（处室）或岗位（个人）的工作进展及绩效进行全面跟踪、监测和反馈，使单位（处室）和岗位（个人）的绩效目标指标与组织（部门）要求相吻合，从而保证各级目标的最终实现。

例如，某财政厅二级（单位）绩效指标的主要来源包括：一是上级部署工作。由省委、省政府和财政部部署工作分解形成，体现为单位（处室）绩效指标中的上级部署指标。二是单位要点工作。由厅年度工作要点分解形成，体现为单位（处室）绩效指标中的要点指标。三是单位创新工作。由单位（处室）自行申报，厅党组会研究决定，体现为单位（处室）绩效指标中的创新指标，同时列入特别加扣分项目。四是单位（处室）基本职责。由本单位（处室）固有的工作职责、工作任务以及多个单位（处室）承担的共性工作组成，体现为单位（处室）绩效指标中的个性指标和共性指标。五是特别加扣分项目。指符合规定条件的加扣分事项。三级（岗位）绩效指标由单位（处室）绩效指标分解形成，包括本人承担的基本职责、要点工作、创新工作、上级部署工作。

也可引入鱼骨图法，编制新一年的绩效计划。这种方式可以清晰直观地反映出单位（处室）绩效计划包含几方面的工作、工作之间有哪些逻辑关系、突出了哪些重点、有无重复指标或遗漏指标等，便于单位（处室）内部理顺工作思路、提高指标编制水平，也为各级领导干部判断分析工作提供了思维导图式的工具。

三、目标指标要规范统一

绩效计划具体规定了在一个绩效周期内，要完成哪些工作以及要做到什么程度。作为整个标准化绩效管理的基础和首要环节，绩效计划引领着整体工作的规范化、流程化，从而保证更有效率地完成工作、达成目标。同时，绩效计划是一种契约、一种合同，这种组织与个人之间的契约关系是构成绩效计划的核心与关键。因此，深层次看，绩效计划是一种行为规范，必须有规范统一的形式，而且一经确定不能随意变更。每年的绩效计划都以正式文件下达单位（处室）和岗位（个人），同时录入标准化绩效管理系统，其具体形式体现为《单位（处室）绩效计划》和《工作人员绩效计划》。

（一）指标设置基本要求

首先，系统全面。标准化绩效管理是一个综合集成的管理系统，某一重要领域的指标缺失，必然会产生严重的误导或偏颇。同时，绩效指标体系并不是各个指标的简单堆积，而是要根据指标之间的关联性、协同性将其有效地衔接起来。因此，必须建立统一完整的指标体系，覆盖工作任务和责任的所有重要方面和关键领域。其次，细致规范。以标准化管理体系文件为基础，将目标内容具体到最小的执行单元，能量化的尽量量化，不能量化的尽量细化、流程化，并将每项指标落实到单位（处室）和岗位（个人）。尤其是对定性目标，更要按照标准化管理要求，从时间和质量节点上进行界定，尽量实现指标的可测量。第三，准确实用。在满足绩效管理需要的前提下，从行政部门工作实际出发，做到概念清晰明确，表述方式简单易懂，数据容易获取。简单讲，就是可操作性强，尽可能为实现管理信息化与自动化提供方便。

（二）绩效指标的类型划分

按照层次划分，包括部门指标、单位指标和岗位指标。部门指标为一级指标，由部门设置，源于对行政部门绩效目标的分解；单位指标为二级指标，由单位设置，源于对部门指标和单位职责的分解；岗位指标为三级指标，由个人设置，源于对单位指标和岗位职责的分解。按照工作执行时限划分，包括日常型指标、阶段型指标和年度型指标。日常型指标对应重复性、短期可考量的工作，阶段型指标对应年内某一时间段开展的工作，年度型指标对应持续开展的工作。

（三）绩效指标的基本要素

实际工作中，为单位指标和岗位指标分别设置各个要素，一般包括指标编码、指标名称、指标释义、指标类型、考评周期、考评标准及评价方法、标准依据、数据来源等。

指标编码，统一为三段格式，即"BM（GW）-XXX-XX"，第一段标示指标管理级次，单位指标为BM，岗位指标为GW；第二段标示指标所属单位；第三段标示指标序号。

指标名称，指对指标对应工作内容、性质的界定，使用主谓结构短语或名词表述。

指标释义，指对指标对应工作的解释说明，表述应清楚准确、言简意赅，涵盖指标对应工作的全部内容。

指标类型，包括日常型、阶段型和年度型。日常型指标对应重复性、短期可考量的工作，阶段型指标对应年内某一时间段开展的工作，年度型指标对应持续开展的工作。

考评周期，分为季度和年度，季度对应日常型指标，年度对应阶段型、年度型指标。

考评标准及评价方法，指以时间、质量、数量三个维度具体表述的指标评价尺度及考评采取的方式方法，时间、质量和数量应分别明确占指标分值比重（百分比），原则上质量比重高于时间、数量比重。

标准依据，指通过上级要求、同行业先进水平、历史水平三个方面来准确表述考评标准来源。

数据来源，指考评数据的采集方式，分为审核评价和系统获取。审核评价指通过人工审核形成考评数据，应列明被考评对象需提供的具体内容，系统获取指从各类信息系统中提取考评数据，应列明系统名称、需提取的具体内容。

财政厅绩效指标示例：政务信息管理二级（单位）绩效指标

指标编码：XX-XXX-XX

指标名称：政务信息管理

指标释义：向上级单位报送本厅政务信息；对厅各处室和各市局办公室及信息直报点报送的政务信息进行编发。

指标类型/考评周期：季度型/季度

考评标准及评价方法：基础分值（100%）

1.时间方面（%），厅重要决策、重大事项24小时报送信息简报，每延误一次扣时间分值%；每10天编发一期简报，每贻误一次扣时间分值%。

2. 质量方面（%），省委、省政府、财政部信息简报采用率不低于60%，每降低一个百分点扣时间分值的%。

3. 数量方面（%），全年被省委、省政府和财政部采用信息不少于220条次，每少1条次扣时间分值%；全年编发信息90期、简报24期，每少1期，扣时间分值%。

标准依据：财政厅信息管理办法。

数据来源：系统获取。从办公自动化信息编报系统、内部网站提取相关资料，考评小组审核，形成考评指标执行数据。

第二节　指标标准就是工作质量

一项工作完成的好坏，用哪些评价标准去衡量？这是制订绩效指标时需要解决的核心问题。任何一条绩效指标都应该有清晰可衡量的评价标准，越是清晰明确，越能反映工作实际，越能指导我们更好地开展工作。

一、"SMART"原则

在设定绩效目标和指标时，要遵循"SMART"原则，这一原则来源于目标管理，现已被各类组织广泛应用于管理活动。

具体（Specific）。目标指向明确，定位清晰，不模棱两可，即设定目标时不仅所定目标本身要明确，更要用清晰精准的语言表述出来。比如"全面提高服务水平""及时完成综合材料起草工作"等等，都无法操作，这种目标都属于无效目标，应尽量避免。

可测量（Measurable）。制定目标的时候，既要有宏大的最终目标引领方向，更要有能够分解量化成具体的、有明确衡量标准的分目标。只有目标能被清晰地分解，其激励作用才能显现。

努力可达（Attainable）。目标设定不能不切实际的过高或过低。设定的过高，经过努力也完不成，人们就会失去耐心和动力；设定的过低，目标就起不到衡量和激励的作用，没有任何意义。所以，设定目标应该遵循"不过低、不过高""跳一跳，摘得到"的标准。

相关（Relevant）。所定的目标必须与组织的战略目标及其他目标相一致、相关联，并与职责权限直接相关，不越位、不缺位、不错位。如果一个目标跟单位和部门的整体目标以及其他目标完全不相关，或者相关度很低，那这个目标即使达到了，意义也不大。

时限（Time-based）。没有时间限制的目标没有办法评价。因此，目标设置要具有时间限制，根据工作任务的权重、事情的轻重缓急，拟定出完成目标的时间要求，定期检查工作目标的完成进度，及时掌握工作进展的变化情况，以方便进行及时的工作指导，以及根据实际变化情况及时调整计划。

二、时间、数量和质量

（一）需要定义哪些标准

按照"SMART"原则，在定义指标标准时，至少要从时间、数量和质量三个方面考虑。这三个方面既是布置工作时的要求，也是衡量工作完成情况的标尺，贯穿于管理的全过程。

质量，主要是指在精确性、优越性、创新性方面达到什么样的程度。通常采用比率，如合格率、达成率、评价结果、及时性、满意度、完成情况、准确性等表示。

数量，主要是考察指标的具体数额。一般采用个数、时数、次数、人数、额度等表示。

时间，主要是在时限上有什么要求。通常采用完成时间、批准时间、开始时间、结束时间、最早开始时间、最迟开始时间、最早结束时间、最迟结束时间等表示。

时间、质量和数量标准应当根据工作实际，按照基本流程分别设定相对独立的考评标准。对于可以直接量化的指标，从数量角度来衡量，比如完成次数、收入数量等等。对于无法直接量化的指标，可以按照工作流程分解为具体工作步骤，明确关键节点，设置时间和质量标准。对一个绩效指标来讲，时间、质量和数量至少应明确两项评价标准，还应分别明确每项标准占指标分值比重（百分比），原则上质量比重高于时间、数量比重。

李萍（化名）是办公室负责综合材料写作的一位科级干部，由于她的工作难以量化，因此按照工作流程分解为题纲、初稿、修改、定稿撰写等具体步骤，每个步骤确定了上级审核领导和审核标准。比如，××会议召开前一个月，形成会议材料题纲，题纲要求细化到最后一级标题（至少三级），明确每部分写作思路和内容概要，通过办公室副主任审核；××会议召开前20日，形成会议材料初稿，经办公室主任审核后报相关领导等等。这样一来，工作的完成步骤、完成情况一目了然，工作完成后，目标是否达成虽然没有精确的量化标准，但有了一个可以把握的质量标准，有了可以判定的尺度。

（二）标准的依据是什么

有一个保险营销员的故事。在一个专题讲座报告会上，有个同学举手问老师："老师，我的目标是想在一年内赚100万！请问我应该如何计划我的目标呢？"

老师便问他："你相不相信你能达成？"他说："我相信！"老师又问："那你知不知道要通过做什么来达成？"他说："我现在从事保险行业。"老师接着又问他："你认为保险业能不能帮你达成这个目标？"他说："只要我努力，就一定能达成。"

"我们来看看，你要为自己的目标做出多大的努力，根据我们的提成比例，100万的佣金大概要做300万的业绩。一年：300万业绩。一个月：25万业绩。每一天：8300元业绩。"老师说，"每一天：8300元业绩。大既要拜访多少客户？"

学生说："大概要50个人。"

老师接着说："一天要50人，一个月要1500人；一年呢？就需要拜访18000个客户。请问你现在有没有18000个客户？"

他说："没有。"

老师问："如果没有的话，就要靠陌生拜访。你平均一个人要谈上多长时间呢？"他说："至少20分钟。"

老师说："每个人要谈20分钟，一天要谈50个人，也就是说你每天要花16个多小时在与客户交谈上，还不算路途时间。请问你能不能做到？"

他说："不能。老师，我懂了。这个目标不是凭空想象的，是需要凭着一个能达成的计划而定的。"

这个故事讲的是目标指标必须是可行的，是通过努力可以实现的且具有一定的挑战性，是执行者"跳一跳"可以达到的目标，是大多数人（60%~80%的人）正常发挥情况下可以达到的目标，是与全国同行平均发展水平相类似的目标。从这一事例不难得出，制定评价标准应首先对本职工作有深入了解，至少应清楚行业水平、历史数据。对行政部门来讲，落实上级工作部署更是职责所在，因此制定指标评价标准至少应参考三个维度：上级要求、历史数据、同行业先进水平。历史数据，一般情况下是指历史同期水平；同行业先进水平是指同行业先进地区、单位或部门的完成水平。在实际制定中，对上级要求的理解要深、要透，对历史数据的分析要客观、要全面，对同行先进水平的掌握要明确、要具体，以此为基础来确定工作的标准，才能找准坐标。

财政部可修订并印发《地方预算支出进度考核办法》。对地方预算年终结余结转资金的考核是财政部重点考核内容之一。在修订中，财政部将地方政府性基金预算、国有资本经营预算年终结余结转资金纳入了考评范围。根据上级要求变化，及时按要求修订了"年终结余结转率"这一指标的考评标准：各单位（处室）一般公共预算年终结余结转率不高于5%的，得满分；高于5%的，每超过1个百分点扣分值的5%；政府性基金预算、国有资本经营预算年终结余结转率不高于8%的，得满分；高于8%的，每超过1个百分点扣分值的2%。并明确了计算方法：一般公共预算、政府性基金预算和国有资本经营预算年终结余结转率=一般公共预算、政府性基金预算和国有资本经营预算年终结余结转资金数÷对应的调整预算数×100%。这一修订确保了财政部有关要求的及时有效落实。

（三）怎样设置标准

一般来讲，设置指标标准有四种基本方法。

加减分法。即先确定一个基准分值，然后根据工作完成情况，按照规定的计分规则给予相应的加减分。举个简单的例子，假设某项争取上级资金工作，目标是全年争取不少于50亿元，基准分值90分，争取资金每少1亿元，扣1分；每增1亿元，加1分，最高加10分。使用加减分法计算得分时，一般情况下最大值不能超过权重规定数值，最小值不应出现负数。

规定范围法。即经过数据分析和测算后，就标准达成的范围进行评价得分。比如，一项指标确定的基本标准是达到95%，在96%~98%之间的加1分，98%~100%的加2分；在94%~90%之间的扣1分，不足90%的扣2分。

分级描述法。即根据考评要求，对指标的完成情况进行分级，并对各级别的评价标准分别进行描述，以尽量减少主观打分的误差。具体操作中，一般分为四级，即优、良、一般和不合格。

关键事件法。即针对指标执行过程中出现的关键事件，制定相应的扣分和加分标准。比如，一些工作纪律、党风廉政等特别扣分项目就适用关键事件工具。

对各级行政部门来讲，将各项难以量化的工作转化为易于衡量的指标难度较大。在实际工作中，需要根据不同情况灵活运用上述四种方法：加减分通常适用于目标任务比较明确，完成比较稳定，同时鼓励岗位人员在一定范围内做出更多贡献的情况；规定范围适用于工作任务完成变化幅度大，衡量工作完成情况的数据呈间断、成片或零星分布状态的指标；分级描述适用于经常发生，能够很清楚地描述出各个级别的特征，有足够的数据和信息支撑的工作；关键事件适用于某些关键事件能够很大程度上反映整个指标的工作情况，同时评价维度比较单一、在指标体系中所占权重较小的工作。

在设置绩效指标评价标准时，灵活运用上述方法，又派生出很多指标标准定义方法，使之更符合工作实际。时间标准方面，包括截止日期型、节点型、工作日型等；质量标准方面，包括档次型、阶段型、超标型、未达标型等；数量标准方面：选用超标型、未达标型和其他类型设置时，参照质量标准的类型设置。

截止日期型：适用于只有1个明确时间节点的情况，多用于岗位指标的时间标准设置。例如：3月15日前完成《××方案起草》，按照时间节点完成得满分，未按时完成扣时间分值的100%。

节点型：适用于有多个时间节点的情况。新增每项工作的时间节点，再选择节点型进行标准设置。例如：9月30日前，完成《××》调研；12月20日前提出《××方案》；接到领导批示后，5个工作日内完成××工作。按照时间节点完成得满分，每有1项未按时完成扣时间分值的35%。

工作日型：适用于有多个时间节点且既有截止日期又有工作日完成的情况。例如：3月20日前起草完成指标登记确认方案；接到批复文件后2个工作日内登记确认指标。按照时间节点完成得满分，每有1项未按时完成扣时间分值的5%。

档次型：适用于第三方对指标完成质量等级进行评价的情况。例如：研究报告在调研规划课题评审工作中评审等次为优秀、良的得满分；评审等次为一般的，扣质量分值的5%；未提交评审的扣质量分值的100%。

阶段型：适用于指标质量要求在某一个区间的情况。可对质量范围起始值、截止值、得/扣分、扣分率进行设置。

超标型：适用于有多项质量要求的情况。例如：××请示、培训审批单、培训通知、学员手册、培训讲义、调训通知、轮训通知等资料齐全，得满分；每缺少1项扣质量分值的15%。

未达标型：与超标型适用范围基本相同。例如××工作通知、工作指导记录资料齐全，××管理办法、××方案正式印发，得满分；每有1项未达到要求扣质量分值的25%。

三、"八要""八不要"

建立绩效指标体系是一个复杂的系统工程，必须时刻兼顾体系的全面性、系统性、关联性、精准性等各个方面。一是注重指标间的关联性和协同性。比如，岗位指标由单位指标分解而来，二者必然有内在的关联性。某一单位的某项指标与其他单位的同一项或同一类指标也必然存在着一定的协同性。在制定类似这样的指标标准时，一定要统筹考虑，系统研究，做到"一把尺子量到底"。二是注重评价标准各要素的系统性。一些指标标准要素设置不全或者要素间系统性不足，会导致难以全面评价。比如，在非量化的指标中，数量和时间一般不能单独作为评价标准，常见的类似"某某工作在某月底完成""完成某某工作多少次"等表述，就容易导致只求速度或数量而忽视质量的结果。一般情况下，三项标准应至少明确其中两项。三是注重评价标准的精准性。比如，评价标准中常出现"按照上级要求""完善制度""及时传达"等形容性表述，什么程度是完善，什么情况是及时，没有说清楚，这些评价标准很难考评。因此，形容词一般不做量化评价标准,"及时完成"就应该准确地表述为"8小时内送到""2个工作日内完成"等等。

实际工作中,系统总结绩效指标及评价标准设置中容易出现的问题,形成了指标设置的"八要"和"八不要"。

"八要":

单位(二级)指标设置要全面系统。单位(二级)指标对应本单位工作职责和分工,应覆盖所有上级部署工作、要点工作和基本职责。同时,指标要分类清晰,避免互相包含、交叉混淆;要高低一致,确保在同一个"辈分上";要大小适中,对过散过细的指标,要进行必要的归纳整合。

岗位(三级)指标分解要科学合理。岗位(三级)指标对应具体工作事项,应选择单位(二级)指标的关键环节和工作重点,按照工作岗位分解,确保逻辑清楚,并实现对单位(二级)指标的完全支撑。

指标名称要简短准确。采用主谓结构短语(名词+动词)或名词格式。如果需要界定的内容较多,应放在指标释义中。

指标类型和考评周期要呼应。日常型指标每季度终了组织考评;阶段型、年度型指标每季度终了考评关键节点,年度终了组织整体考评。指标类型填写"季度型",考评周期填写"季度";指标类型填写"阶段型""年度型",考评周期填写"年度"。

考评标准及评价方法要可考。标准高低要适宜,遵循"跳一跳,摘得到"原则,参考上级要求、同行业先进水平、历史水平,合理设置。评价标准和方法要"客观明确",准确衡量单位或个人的努力程度。时间方面要选择"6月5日前完成""收到财政部通知30日内""每月5日前"等清晰标准,不应使用"及时、按时、准时"等形容词描述;质量方面要选择"文件正式印发""通过领导小组审定""通过领导审签""正式上线运行""在评审(定)工作中取得95分(优秀等次)以上成绩"等可准确衡量的标准,不应使用"科学、合理、全面、规范、准确、逻辑清楚"等形容词描述。

设置计划节点要选对。要选择有明确时间要求、阶段性工作完成并且可取得客观证明材料的关键环节为节点,不应选择"开展调研、统计分析、测算、完成初稿"等本单位内部自主掌握的工作阶段作为计划节点。

标准依据要准确有据。上级要求应具体明确、量化可比;同行业先进水平应标明具体单位和经验做法;历史水平应以前三年工作情况为基准;依据文件应列明名称、文号。

数据来源要可操作。数据来源要与考评标准对应,清楚标示"谁提供""提供什么""谁审核"。其中,"审核评价"类应列明被考评对象或相关第三方单位需提供的时间、质量、数量方面的具体证明材料,"系统获取"类应列明系统名称、需提取的具体内容。

"八不要":

工作要点指标不要丢。年度工作要点中涉及本单位的所有工作不要漏项,应全部列入单位(二级)指标,并分解为相应的岗位(三级)指标。

指标不要"避重就轻"。指标内容要实现对指标的完全支撑,不要"帽子"大内容小。

涉及多单位指标不要自行设置。对于涉及多个单位的指标,指标设置和分配不要"各自为政",应采用牵头单位统一设置的指标要素,并按照统一规则分配到分管副职和责任人员。

基础指标基本框架不要打破。各单位基础指标对应日常工作,不要进行过多调整,应在上一年度基础指标基础上,进一步优化完善,保持指标基本框架的连续性。

指标维度不要少。原则上每项指标的时间、质量和数量标准都要设定,特殊情况至少也要明确2个维度。

标准依据不要空。各指标"上级要求""同行业先进水平""历史水平""文件依据"四个方面的标准依据都不要填写"无"或空白,必须充实完整。

指标执行数据责任不要混淆。各级指标执行数据的提供责任、审核责任、复核责任不要混淆。单位(二级)指标执行数据的审核可表述为"被考评对象按照序时进度或时间节点要求,通过月小结上传××××、××××等资料,考评小组审核,形成指标考评数据";岗位(三级)执行数据的审核可表述为"被考评对象按照序时进度或时间节点要求,通过月小结上传××××、××××等资料,单位负责人审核,考评小组复核,形成指标考评数据"。

责任人员不要交叉。单位(二级)指标的分管副职、岗位(三级)指标的责任人员,原则上不能为多名人员。其中,单位(二级)指标只能对应一名分管副职;岗位(三级)指标确实无法完全拆分的,可按工作实际由多名人员承担。

第三节 绩效指标

掌握了目标指标及评价标准的制定方法和依据还远远不够,真正要做到相对客观、公平、可信、可行,还应该有一个全体成员认同的、不断完善的过程。只有这样确立的绩效指标,才能充分发挥标准化绩效管理的导向、激励和改进作用,才能促进单位(处室)和岗位(个人)不断提升绩效,最终达到工作质效全面提升的目的。

一、基础分值一致

标准化绩效管理是建立在岗位平等、分工不同的基础上，政府组织的每个单位（处室）、岗位都是保持机关这台"机器"正常运转的不可或缺的"零部件"，其差别在于分工不同、职责不同，但每个单位、每个人之间是平等的，无高低贵贱、重要与否之分。因此，应对每个单位一视同仁，对每个人机会均等，为各单位、各岗位设置一个公平的起点，即在绩效管理体系中设置一致的基础分值。同时，考虑政府组织和公务员群体对党风廉政建设和"德勤廉"的特殊要求，也相应设置基础分值。这里需要说明的是，工作职责与廉政建设、"德勤廉"都不可偏废，二者没有孰轻孰重之分。因此，应将二者摆在同等重要的位置，设置相同的分值，分别进行考评。

对单位（处室）采用"双千分制"管理，日常职责工作（承担的单位指标）基础分值为1000分，采用扣分法；党风廉政建设基础分值为1000分；加扣分项目按规定标准确定。

对个人采用"双百分制"管理，其中，单位正职日常职责工作考评得分，由所在单位绩效考评得分按百分制转换而成；单位副职日常职责工作考评得分，由所分管工作绩效考评得分按百分制转换而成；其他工作人员日常职责工作（承担的岗位指标）设定为100分，采用扣分法。"德勤廉"考评基础分值为100分；加扣分项目计分按规定标准确定。

需要注意的是，无论对于单位（处室）还是对于岗位（个人）都存在着所承担绩效指标与所具备能力的匹配问题，追求的是大小相宜，反映的是工作实际。一方面，讲求"大马拉大车""小马拉小车"，既可获得目标任务完成后与自我比较的成就感，又能充分展示自身的能力和努力程度。另一方面，既要避免出现"大马拉小车"，工作容易而轻松，不需要通过一定的努力，所承担的目标任务就轻易完成了，缺乏波澜，无须激情，体会不到工作的成就感，所具备的能力也体现不出来；又要避免出现"小马拉大车"，身堪重任负担大，多头作战，疲于应付，劲儿没少费，时间没少花，"苦劳"很大，"功劳"却很小。

二、指标权重的设定

绩效指标对应的工作不一样，每个人承担的绩效指标不一样，在岗位平等的基础上，还应该体现干多干少不一样。指标权重就是这样一个相对概念。简单讲，指标权重就是指标在整体评价中的相对重要程度，也就是说从若干指标中分出轻重来。指标权重的意义在于，反映工作的重要程度、目标达成的难易程度，指出工作开展的重点所在。科学合理的权重设置，可突出战略性目标和重点领域，发挥绩效目标指标的"指挥棒"作用。

当然，仅靠设定绩效指标权重也不能从根本上解决干多干少差不多的问题，标准化绩效管理引入了"责任系数""工作负荷系数"等技术和方法，依据干部职工承担指标权重和分值的不同，多维度评价其工作努力程度。

绩效指标权重确定的工具很多，常见的方式包括经验判断、权值因子判断表等。

经验法。根据工作经验和对各项指标重要性、难易程度的主观判断，或者从管理目标出发分配指标权重，有时也通过集体协商、征求专家意见等方式确定。其中，德尔菲法（专家调查法）是较为常用的方法之一，其要点是通过多轮征求专家意见，形成决策结果。经验法的优点是操作简单、成本低；缺点是主观、片面，对决策者（专家）能力素质以及态度要求较高，容易出现"拍脑袋决策"现象。

权值因子判断表法。指组成专家小组，由专家小组成员对指标两两比较，分别填写判断表，然后统计、计算确定指标权重的方法。从简到繁又可细分为对偶加权法、倍数加权法和权值因子判断表法，其原理基本一致。

具体操作为：组成指标权重评价小组，小组成员应包括：标准化绩效管理领导小组成员单位、绩效管理人员、该单位有关人员等。确定各单位指标权重时，制定权值因子判断表，小组成员将绩效指标两两比较并填写判断表，根据结果统计、计算得出指标权重。

一般采用四分制进行比较，即将判断表中的行因子（行指标）与列因子（列指标）比较，如果行因子（行指标）非常重要填4分，比较重要填3分，同样重要填2分，不太重要填1分，很不重要填0分。统计时，计算每行指标得分，求出评价指标平均分值，最后得出权重（见表6-2和表6-3）。在实际应用中，常常简化为"ABC分类权重法"，其原理融合了权值因子判断表法和强制正态分布法的思想，将指标分为A、B、C三类，分别占全部指标的10%、20%和70%，权重分别为3、2、1，小组成员填表后，统计、计算指标权重。

表6-2 权值因子判断表（以三指标为例）

绩效指标	指标1	指标2	指标3	分值
指标1	—	0	3	3
指标2	4	—	4	8
指标3	1	0	—	1

此外，实践中权值因子判断表法派生出三因素比较法（IUR法），即将指标重要性分为三个维度：重要性（I）、紧急性（U）和可达性（R），采取五分法两两比较，得出指标权重。该方法将权值因子判断表法从一维拓展为三维，科学性有所

提升。

表6-3 权值因子计算表（以小组三个成员为例）

项目 指标	评分人1	评分人2	评分人3	总分	平均分	权重（平均分/总平均分）
指标1	3	2	3	8	2.67	0.22（22%）
指标2	8	8	8	24	8	0.67（67%）
指标3	1	2	1	4	1.33	0.11（11%）
合计	12	12	12	36	12	1（100%）

层次分析法（AHP）等其他方法。层次分析法（AHP）是一种定性与定量相结合的多目标决策分析方法，其原理是将主观判断进行量化处理，通过判断矩阵进行计算和一致性检验，克服两两对比的不足。该方法采用九分位赋分法，对操作要求较高，一般用于定量指标权重的设计。此外，还包括熵值法、模糊聚类分析法等对操作要求较高的方法。

表6-4 指标权重确定方法比较表

特点 方法	优点	缺点	适用范围
经验法	成本低，可操作性强、容易理解	精确度较低	定性、定量指标
加权法	成本低，可操作性强、容易理解	精确度一般	定性、定量指标
ABC法	可操作性强、容易理解	精确度一般	定性、定量指标
权值因子判断表法	精确度较高、较易理解	可操作性一般	定性、定量指标
三因素比较法	精确度较高、较易理解	可操作性一般	定性、定量指标
层次分析法	精确度高	可操作性不强，不易理解	定量指标
熵值法等	精确度高	可操作性不强，不易理解	定量指标

指标权重设置一般在分解指标之后，需考虑工作的重要程度、目标达成的难易程度、业务重心导向作用以及与组织目标实现的密切程度等因素，以此来综合运用指标权重确定工具。一般来讲，单个指标的权重最好不要低于5%，最高原则上不高于50%。在绩效管理刚起步阶段，考虑行政部门广大干部职工的理解和接受

程度，各单位的指标权重可选择ABC分类权重法或者权值因子判断表法确定，岗位指标权重可参考单位指标权重，用经验法确定。经过一定时期的运行，绩效管理体系较为完善、干部职工对管理技术和方法的掌握相对熟练时，可考虑使用更为复杂、精确的权重确定方法。

确定权重的"五星法"。即依据对应工作的重要程度、难易程度和工作量，将指标分别确定为1至5星，其中上级部署工作对应3至5星，创新工作对应5星，要点工作对应3至5星，基础工作对应1至4星。单项指标权重计算公式为：单项指标权重=单项指标设定星数/∑各项指标设定星数。比如，如果某一单位（处室）只有三条指标，星值分别为4、3、5，那么第一条指标的权重为：4/（4+3+5）=33.33%，其对应分值为33.33%*1000=333.3分（一般保留四位小数，这里仅对指标权重及其分值确定作说明，下同）；如果某一岗位（个人）只有三条指标，星值分别为4、3、5，那么第一条指标的权重为：4/（4+3+5）=33.33%，其对应分值为33.33%*100=33.33分。

这种打星法是运用统计学原理，将对工作定性的判断转化为定量的设置，为绩效指标分值的设定提供了科学的依据。单位（处室）及其工作人员绩效指标分值由"五星法"确定的指标权重乘基础分得出。

三、从契约关系到目标共识

春秋战国时期的法家韩非子在《主道》提到："群臣陈其言，君以其言授其事，事以责其功。"即指管理者应尽可能让下属提出自己的主张，根据他们的主张把事情交给他们办，并以他们完成任务的情况来评价他们的业绩。这种思想在当前仍然有重大的现实意义。在传统行政管理中，任务下达是一个自上而下的过程，目标任务直接派发给广大干部职工，年终进行目标完成情况考核，往往会忽略中间过程。正是因为这种"强加性"和缺乏干部职工的全面参与，使得很多工作被动完成，质效不高。

标准化绩效管理从绩效计划制定环节就打破了固有的行政管理模式，形成了一个全员参与、双向沟通的管理过程。绩效计划是一种契约和合同，随着绩效计划制定过程的深入开展，这种契约逐渐形成广大干部职工的目标认同和共识。一方面，绩效计划采取先自下而上、再自上而下的制订过程。部门战略目标被层层分解为个人目标，部门、单位（处室）和个人之间在对绩效的期望问题上达成共识，并由个人对自己的工作目标做出承诺；与此同时，部门也通过制度的不断完善对个人做出相应的承诺。因此，绩效计划的形成实现了组织愿景和个人愿景的有效融合，它使个人有了明确的工作预期和成长方向，能够有效调动和激发个人的主动性和创造性，促使个人把对组织的价值认同转化为自觉行动。另一方面，绩效计划也是一个干部职工全面参与管理、明确自己的职责和任务的过程。制定绩效目标的过程中，尽可能地让每一名干部职工参与进来，绩效管理也因此成为个人主动设定工作目标、自觉审视工作表现、自愿提升工作绩效的参与性管理过程。

实际工作中，绩效计划以年度为周期，采取"两上两下"方式确定。

计划初拟。具体包括：涉及多单位指标编制，绩效办在年度工作要点发布后，制定并发布年度绩效计划编制指导意见，组织编写涉及多单位指标（含共性指标，下同），其中，对年初难以确定承办单位和办理数量的工作，不编入年初绩效计划，年终根据实际办结情况统一结算；各单位其他指标编制，各单位编写本单位除涉及多单位指标外的其他指标，并分解为岗位指标，经内部充分讨论达成一致后，提交绩效办汇总。

计划初审。绩效办对绩效指标的目标一致性、要素规范性、操作可控性等方面进行初审，提出修改意见，连同涉及多单位指标一并反馈给各单位。

计划修订。各单位按照修改意见组织修订，形成本单位年度绩效计划送审稿，并对涉及多单位指标提出修订意见，报经分管领导同意后，提交绩效办汇总。

计划审定。绩效办汇总形成绩效计划，经领导小组研究审定后正式下发，并组织各单位录入绩效管理系统。

第七章 日常管理的重要性

第一节 绩效监控

绩效监控,就是对"绩效"实施的"监控"。这里的"绩效",不是指绩效结果,而是达成绩效结果的行为与过程。因此,所谓"绩效监控",就是指对绩效计划的执行过程、对干部职工执行计划的行为所开展的日常管理工作,目的在于通过行为辅导、过程管理、持续沟通,来保证绩效计划的如期推进和绩效目标指标的充分实现,并通过留痕和记录为绩效考评、绩效改进提供依据。

一、绩效监控的作用

对行政机关来讲,长期以来形成的重结果、轻过程的管理习惯,容易引发一系列问题:第一,导致计划执行偏差。目标任务难以执行到位,原因很多,缺乏科学有效的过程管理是主要因素之一。在前文福尔尼斯(Fournies)的调查中,"员工以为自己正在做(缺乏反馈)""员工有他们无法控制的障碍(遇到现实困难)"等也是无法按要求完成任务的重要原因。对行政机关来讲更是如此,传统的日常管控方法,持续性、有效性、精准性不足,难以准确衡量工作进展,同时干部职工工作中的困难和障碍需要层层反馈,时效性往往难以保证,目标任务出现偏差时,不能及时纠正,有时往返几个管理周期,严重影响任务落实的质量和效果。第二,在客观上容纳失范行为。"只重结果"就意味着"唯结果论英雄",只要结果好,就一切都好。这一做法在私人部门或许有用武之地,但对政府部门而言却存在不小的风险。政府部门是以公共利益为导向的,符合既定规范的行政行为、符合既定程序的行政过程本身的价值不亚于行政效果。如果管理的导向只重结果,就难免会引发单位、个人的执行行为与实施过程违背相关规范,甚至挑战合理性与合法性。第三,激发短视行为。如果管理中只问结果,并将结果情况作为职务升降、工资待遇、奖励评优、惩戒后进的依据,久而久之就会在广大干部职工心目中树立"结果决定一切"的导向,改进工作动力仅仅来自利益的驱动或对惩罚的规避,致使其行为仅仅遵循结果和利益逻辑,宗旨意识、服务意识、大局意识等都有可能会遭到侵蚀,这也与政府部门的运行价值存在较大冲突。第四,引发一些管理质疑。在实际工作中,工作完成好坏不仅受单位(处室)和岗位(个人)努力程度、行动水平的影响,还必然受各种环境与条件的制约。因此,很多时候,我们并不能特别清晰地确认结果的来源到底是环境因素还是自身努力。如果结果是由那些不被单位(处室)和岗位(个人)控制的环境因素所决定的,那么不论它是好还是差,据其得出的结论和采取的措施就容易遭到一些质疑。

如果在标准化绩效管理中只问结果、不问过程,这些问题就难以从根本上解决。因此,标准化绩效管理将过程管理作为管理重心之一,在绩效监控阶段,建立起集指导、调整、反馈、激励等功能为一体的过程管理机制,通过及时有效的绩效辅导和绩效提醒、疏而不漏的过程管控,来保证绩效目标的达成以及整个管理体系的良性运转,使广大干部职工正确执行绩效计划,及时认识存在的问题,不断地改进和完善工作,并逐步养成良好的思维、工作乃至生活习惯。具体来讲,积极有效的绩效监控应具备以下几项功能或作用。

指导。行政机关的日常工作相对于企业来说,公共性、专业性较强,容不得出错,而且有些比较繁琐,因此干部职工在绩效计划的执行过程中,难免会遇到困难或者自己难以决定的问题。通过绩效监控,上级领导能够及时发现干部职工在工作中出现的问题,并对其进行适当的业务指导,或为其提供克服困难所需的资源和服务,能够有效提高工作效率和避免不必要的浪费。

调整。一般来说,绩效计划大都在年初制定,它是行政部门根据上级工作要求,在对上年度工作进行总结以及对本年度工作进行基本形势判断的基础上,做出的对本年期望完成工作目标的预期值。随着执行中形势变化和业务工作的推进,年初制定的绩效目标和指标可能变得不切实际或无法实现。在绩效监控的过程中,可以通过规范的调整程序,对绩效目标指标及评价标准等内容进行必要的调整,以确保绩效计划符合工作实际。

反馈。标准化绩效管理是一个系统管理过程,它通过规范的制度指导、模式化的操作来达到科学管理的目的。标准化绩效管理讲求"过程留痕",就是说在每一步的工作中,留下相关佐证资料。通过绩效监控,上级领导可以根据这些资料对工作完成情况做出客观的判断,这些资料也可以为领导做出进一步工作安排和决策提供依据,同时,也可为其后的绩效考评、绩效改进收集到客观、公正的事实依据。

激励。大量的管理实践证明，上级对下级及时、积极的鼓励会产生"皮格马利翁效应"，其激励效果甚至会超过物质激励。对行政机关来讲，一些干部职工在日常工作中，有时会面对繁重的工作任务，有时会面临比较大的工作压力。在这种繁忙的工作和紧张的压力下，上级领导对其努力和成绩的关注、指导和认可，无疑会对干部职工产生不小的激励作用。

做个形象的比喻，绩效计划形成之后，绩效监控就如同在为田地播种之后开展的浇水、施肥、除草、杀虫等活动，以此来保证"庄稼"茁壮成长，年底会有一个好的"收成"；也可以理解为标准化绩效管理闭环的专用"杀毒软件"，它全时监控、即时报警、超强纠错、过程留痕，清除绩效计划实施过程中出现的"病毒"，从而确保绩效目标指标的顺利实现，同时为绩效考评、绩效改进提供直接依据，进而为组织制定政策和领导做出决策提供支持。

二、绩效监控的内容

一般来说，在整个绩效周期内，各级领导干部需要运用恰当的工具和方法，预防或解决绩效周期内可能发生的各种问题，以更好地帮助干部职工完成绩效计划，并记录工作过程中的关键事件或绩效信息。实际工作中，通过对单位（处室）及岗位（个人）绩效进展和效果进行持续的记录、检测、管理和控制，对在实现绩效目标中出现的各种偏差进行纠正、对干部职工进行适当激励，确保了绩效目标指标的有效实现。实践中，绩效监控主要包括绩效辅导、过程管理和绩效提醒三项内容。

绩效辅导。在绩效监控过程中，绩效辅导是一个必要的实施环节。从内容上来说，绩效辅导主要是对标准化绩效管理体系各项内容的培训、解读和指导，方式包括业务培训、会议传达、工作面谈、平台交流等多种形式。

过程管理。主要是对绩效计划执行情况进行过程监测和节点控制，通过"周记录、月计划、月小结"的模式实现。周记录指各单位（处室）及其工作人员每周末以文本的形式记录所承担的绩效指标相关工作的完成情况。月计划指各单位（处室）及其工作人员围绕绩效计划落实，从时间、数量、质量等方面制定绩效指标月度完成计划；月小结指各单位（处室）及其工作人员围绕绩效计划落实，从时间、数量、质量等方面总结绩效指标月度完成情况。

绩效提醒。绩效提醒是指对绩效目标指标执行以及其他相关工作不到位的情况做出提醒或督导，分为自动提醒和人工提醒。自动提醒是指标准化绩效管理信息系统自动向单位（处室）和岗位（个人）发布提醒信息。人工提醒主要是指专门的绩效管理人员向单位（处室）和岗位（个人）发布提醒信息。

三、绩效监控的具体要求

作为连接绩效计划和绩效考评的重要一环，绩效监控是标准化绩效管理"四环节"中持续时间最长的环节。如果把绩效计划比作为"输入"，把绩效考评比作为"输出"，那么绩效监控就是串联"输入—输出"中间的关键点。积极有效的绩效监控，至少要做到以下几点。

全面覆盖。这是标准化绩效管理"全面性"和"系统性"的重要体现。绩效监控要覆盖绩效计划执行的各个环节和各个方面，从整体上把握绩效管理运转中出现的问题，并及时做出调整，制定应对措施，保证绩效目标指标的实施不偏离计划设定轨道。

实现绩效监控的全面覆盖，离不开信息技术的有力支撑。实际工作中，利用标准化绩效管理信息系统的绩效监控模块，对绩效计划执行各环节和各方面进行全面的日常管理。各级领导干部可以按照绩效指标、单位（处室）、岗位（个人）等不同维度即时查询绩效计划执行情况，直观显示绩效指标完成进度，随时查阅相关资料，确保了干部职工对各项工作的整体把握、即时调整。

重点监控。绩效监控要重点关注关键绩效目标和指标。关键目标、指标是支撑整个绩效计划的核心要素，它们的完成与否，对年初制定的绩效计划的实现具有十分重要的影响。对关键绩效目标、指标的监控，要对其实施进度、资料齐全度、真实度进行重点监控，发现问题第一时间提示干部职工进行修正和弥补。

实施标准化绩效管理后，形成了具体的绩效指标，明确了时间、质量及数量等完成标准，被分解为一个一个的关键节点。日常工作中，周记录、月小结都需要上传完成进度、相关资料，领导对其重点工作的完成情况时刻掌握，发现问题随时提醒，并帮助其修正、改进。

过程留痕。一个标准化绩效管理周期往往会持续一个年度，期间不同单位（处室）、岗位（个人）每天都在发生着各种绩效行为，产生着各类绩效结果，这些都是标准化绩效管理需要依赖的各种绩效信息。如果对此不予记录和整理，在做绩效沟通、绩效考评、绩效改进时便无充分、准确的信息依据，进而导致相关判断的不准确或决策的失误，影响整个标准化绩效管理的良性循环。比如，无法及时掌握单位（处室）和岗位（个人）的工作进度，无法正确判断绩效执行过程中遇到的问题和障碍等。同时，缺乏有据可查的绩效信息，甚至可能会使广大干部职工对整个管理体系心生疑惑、心存芥蒂；缺乏足够清晰的绩效记录，也使绩效辅导缺乏明确的指向而变得无的放矢。比如，人们往往对发生在最近的事情记忆更深刻，在标准化绩效管理中，不仅绩效考评者有可能会忘记几个月之前发生的事情，被考评者也是对最近两三个月以内的事情记得更清楚、感触更深，如果不对管理过程进行绩效信息记录的"过程留痕"，发生在早期的事情就会被淡忘，容易把考评的重点放在近一两个月的绩效表现上，不可避免地受到近因效应、晕轮效应、感情用事等不当因素影响，自然会导致绩效考评结果的不准确。要避免这些错误倾向的方法，就是在绩效周期内认真地做好记录，做到"过程留痕"，采用周记录、月小结等方式，完整地收集绩效信息并记录好这些信息，并据此开展标准化绩效管理各环节的工作。

第二节 绩效辅导

即便是一个智慧超群、业务娴熟、经验丰富的人，也难免存在工作思维和方法上的局限性，也有可能在自觉或不自觉中遇到诸多障碍，致使绩效计划的执行进展、绩效状态出现偏差，因此有必要通过绩效辅导加以应对。积极地开展绩效辅导，在日常管理中帮干部职工把工作做好，是绩效监控的重要环节，是绩效监控现实意义的重要体现。

一、绩效辅导的定义

在标准化绩效管理体系运转过程中，要及时解决出现的问题，有针对性的绩效辅导必不可少。绩效辅导主要是对标准化绩效管理体系及各项工作内容的培训、解读和指导，绩效辅导的方式包括业务培训、会议传达、工作面谈、平台交流等多种形式。

从辅导的内容看，绩效辅导方式可分为具体指示型辅导、方向引导型辅导和鼓励促进型辅导。

具体指示型辅导是对于完成工作所需知识及能力较缺乏的干部职工，需要给予较具体指示型的指导，帮助其把要完成的工作分解为具体的步骤，并跟踪完成情况。当某名干部职工从事新的工作，或者难以独立完成某项工作时，可以采用此种辅导方式。

方向引导型辅导是指对于具有完成工作的相关知识和技能，但是遇到困难或问题的干部职工，需要给予方向性的指引。当干部职工效率低下、工作热情不高时，可以采用此种辅导方式。

鼓励促进型辅导是对具有较完善的知识和专业化技能，而且任务完成顺利的干部职工，应该给予鼓励和继续改进的建议。

根据对象范围不同，绩效辅导分为统一辅导和即时辅导。

统一辅导指年初绩效计划下达后，组织通过业务培训、会议传达等方式，对计划执行中的共性问题进行统一辅导。

即时辅导指通过平台交流、工作面谈、电话、邮件等方式，对个性问题进行即时辅导。

二、绩效辅导的时机

针对不同的问题，不同的辅导对象，辅导时机、辅导方式的选择要有所不同。有些问题要在发现时第一时间辅导；有些问题则应该冷处理后择机辅导。常见的辅导时机主要由以下几种：

干部职工正在从事一项新的工作（比如新入职人员、轮岗工作人员）。此时的绩效辅导，辅导内容要准备充分，并且采用正式的辅导方式，如专门的培训会，会后也可以布置相应的作业，以检验干部职工的学习效果。这样一来，会引起干部职工的重视，学习新知识、新技能也会事半功倍。

干部职工正在从事的工作，由于方法问题导致效率低下，采取其他方法能够更有效地完成工作。此时的绩效辅导，辅导内容要有针对性，辅导方式不必太正式，可以采用面谈的方式，在肯定干部职工工作努力程度的前提下，同干部职工探讨更好的工作方法。辅导下来，干部职工也更容易接受。

干部职工被抽调从事一项紧急任务或临时重大攻关任务时。此时的绩效辅导，应通过正式会议的形式进行，向干部职工阐明工作任务的重要性、紧迫性，共同探讨完成工作的方式方法。

干部职工未能按要求、标准完成工作时。此时的绩效辅导，应帮助干部职工查找问题原因，并制定改进计划，做出补救措施。

干部职工不清楚工作任务的重要性时。在日常工作中，有些干部职工可能会对自己从事工作的重要性认识不足，从而在工作中漫不经心，影响整体工作进展大局。此时的绩效辅导，可以通过与干部职工一对一谈心的方式进行，在辅导的过程中要注重对干部职工的引导，激发其工作热情。

以上列举的仅为工作中常见的辅导时机，各级领导干部认为有必要时，可以随时对下级进行工作辅导。

实际上在推行绩效管理之初，很多人对于将具体工作量化为一个个的带有"数字"考评标准的指标难以接受，认为与实际工作脱节，难以完成。针对此种情况，可开展相关的讲座，详细讲授标准化绩效管理的理念、模式和操作方法；可聘请知名大学教授、标准化管理机构、绩效管理专家给大家讲解现代管理理论和知识。同时，还组织绩效管理人员走进处室，面对面与大家开展交流，答疑解惑，手把手教大家实际操作，一步步提示各环节应注意的关键技术和方法。

三、绩效辅导的开展

一般来说，一个正式的绩效辅导过程通常包括以下几个步骤。

资料收集。在进行绩效辅导前，上级领导应当全面地掌握下级干部职工的绩效工作资料，具体包括干部职工所处岗位的岗位说明书、干部职工承担的绩效指标、绩效监控过程中搜集的绩效执行信息等。同时，上级领导应该有针对性地准备绩效辅导提纲。

辅导前准备。正式开始辅导活动前，上级领导应让下级干部职工了解绩效辅导的目的和主题，以免绩效辅导开展得太过仓促，达不到预期效果。同时，上级领导也应当就绩效辅导的时间和地点征询干部职工的意见，营造平等的沟通氛围。

协商沟通。进入正式话题后，上级领导首先要就目前的绩效现状与下级干部职工进行沟通，从而保证对干部职工的辅导是基于双方共同认可的绩效现状。在这个阶段，上级领导应当给下级干部职工发表自己见解的机会，尽量避免单方面的、压迫式的陈述现状。

深入讨论。双方就现状达成一致后，就可以继续讨论改进现状的方案了。在这个阶段，上级领导应该更多地引领下级干部职工主动思考，多提出一些开放式的问题，鼓励其表达自己的观点。在充分理解下级的观点后，上级领导便可以表达自己的想法，最终在互动式的探索中达到期望的结果。

细化方案。如果双方认可了改进现状的方案，就应该制订方案实施的计划表，进一步明确行动的步骤、行动的时间表、要达成的阶段性成果和相应的资源支持。

鼓励支持。在绩效辅导结束前，上级领导要表达对下级干部职工的鼓励和支持，给干部职工实施改进计划的信心。经过绩效辅导，干部职工可以清楚地认识到自己取得的成绩以及存在的问题。

第三节　过程管理

绩效计划的执行过程决定着考评时的最终绩效状态。绩效执行理想的状态虽然是各单位（处室）与岗位（个人）按照绩效目标进行自我管理、自我控制的过程，但如果完全放任自流的话，就容易因种种原因导致最终不受控制的糟糕结果。因此，不应让这个过程完全顺其自然而不管不问，而应通过科学的"过程管理"来实施积极的干预，包括要求做出阶段性记录、制定阶段性计划、进行阶段性总结，以及对偏差的及时提醒等内容。

一、过程管理

对各单位（处室）和工作人员的绩效监控主要通过"周记录、月计划、月小结"的过程管理模式来实现。简单来讲，就是以周为单位，每周记录各项指标（工作）完成进度；以月度为单位，每月初制定绩效指标月度完成计划，月底就绩效指标完成情况进行总结。采取逐级编制、逐级汇总、逐级审核的方式开展。各单位（处室）的周记录、月计划、月小结由部门主管领导审定，工作人员的周记录、月计划、月小结由上一级负责人（上一级领导）审定。

这一环节的操作完全在标准化绩效管理信息系统中实现，具体流程和要求是：

编写周记录。每个周末（周五下午）或者下一周周初，各单位（处室）和岗位（个人）通过标准化绩效管理信息系统编制周记录。周记录的依据是单位（处室）和岗位（个人）承担的绩效指标完成情况，各岗位（个人）首先根据工作进展，录入指标完成进度，并上传相关资料；各单位（处室）再根据岗位（个人）指标完成情况，编制单位（处室）周记录，录入二级（单位）指标完成情况。

制定月计划。每个月初，各单位（处室）和个人通过标准化绩效管理信息系统编制当月工作计划。干部职工根据自己承担工作指标从时间、数量、质量等方面制订本人下月工作计划；单位（处室）根据实际工作情况，由本单位（处室）主要负责人按照指标节点，逐条从时间、数量、质量等方面制订本单位下月工作计划。

制定月小结。每个月末，各单位（处室）和岗位（个人）对本月工作完成情况进行总结，录入有进展的各指标进度。需要强调的是，月小结需上传领导评价、原始文档、影像材料等绩效指标完成的佐证材料，实现过程留痕，并作为绩效考评和绩效改进的重要依据。

"周记录、月计划、月小结"看似繁琐、增加了干部职工的工作量，实则不然。"周记录、月计划、月小结"有很强的便捷性和时效性。便捷性指对照当前绩效指标，在每周编写工作记录，在每月下旬同步进行下月计划制订和当月工作小结，比照计划写总结，比照总结编写下月计划，拉出单子，录入系统，操作简便易行；时效性指通过"周记录、月计划、月小结"，能够标明各项指标完成进度，单位（处室）及其工作人员对本周、本月干了哪些工作、干到什么程度一目了然，对下步需要开展什么工作心中有数，避免工作延误。

为了更方便干部职工编制月计划，在标准化绩效管理系统中设置了一定的规则，比如，录制本月月计划时可以查看上月完成情况，可以提取相关指标标准，没有开始或已结束的指标只需要注明"未开始"或"已完成"等等，这些信息化手段大大减少了工作量，提高了工作效率，使干部职工真正能够专注于工作进展，专注于指标内容，而避免花费过多的精力在繁琐的技术操作层面。同时，对不同角色设置不同的监控权限，上级领导可以随时掌握自己分管工作的进展情况，从而实现绩效监控对绩效指标的层层覆盖。

可以说"周记录、月计划、月小结"是一项非常科学的过程控制方法。对于各级领导干部来讲，"周记录、月计划、月小结"有利于及时掌控当前重点工作完成情况及下一步需要开展的工作，提前谋划，统筹安排，同时可以总结工作完成情况，及时发现工作中存在的问题并加以整改，不断提高业务工作水平。对于单位（处室）和岗位（个人）来讲，"周记录、月计划、月小结"既能够体现上月工作量，反映工作的努力程度，又能够主动谋划、提前介入相关工作，提高工作积极性和主动性。

二、绩效提醒

作为管理的一项基本职能，控制的功能就在于及时发现计划执行中的偏差并有效纠正偏差，使其迅速回归正常的绩效状态。标准化绩效管理设置了绩效提醒这一方法来实现上述目标，着力把问题解决在萌芽状态。

人工绩效提醒。各级领导干部或绩效办针对绩效目标指标的执行情况，通过指标数据的日常采集、监控分析，对执行不到位的单位（处室）和岗位（个人）发布提醒信息。被提醒者按要求进行提醒响应，超过时间节点提醒自动消失，响应信息被自动计入系统。

自动绩效提醒。在标准化绩效管理各环节中，对有完成时间节点的指标、月计划、月小结，信息系统在节点前的规定时间自动向单位（处室）或岗位（个人）发布提醒信息。绩效提醒在各单位（处室）和岗位（个人）的标准化绩效管理主界面有醒目的提醒标示，被提醒者接到提醒信息后，要按照提示信息进行提醒响应，并做出应对措施。

可进一步对标准化绩效管理信息系统进行升级，其中继续增设提醒功能是升级内容之一。在周记录、月小结前增加弹窗提醒功能；在每季度末月计划录入前添加工作负荷系数评定提醒功能，如不评定负荷系数，则无法录入月计划。对于周记录、月小结、工作负荷系数评定，加入分阶段提醒功能，在规定完成时限前3天进行绿色提醒，在规定完成时限前1天进行黄色提醒，未按规定完成时限完成的给出红色警告，完成后提示自动取消。这些功能看似简单，但对日常管理的促进作用已经逐步显现，特别是对那些工作习惯不太好的干部职工，起到了有效的提醒作用，正在帮助他们逐步养成良好的工作习惯。

第八章 让努力决定考评结果

第一节 标准化绩效管理的考评

掌握好尺度是考评结果客观公正的基本要求。标准化绩效管理建立起科学合理的绩效指标和评价体系,又一步一步将管理做到了日常,这为绩效考评奠定了坚实的基础。考评阶段首要的关键工作,是对照年初设定的指标标准,准确衡量工作完成情况,确保"一把尺子量到底",量出大家公认的结果。要做到这一点,必须解决好考评的对象、程序、方法等问题。也就是说,要有互相监督、互相制约的考评主体,设定公开透明的考评程序,采取科学有效的考评方法,特别是要注重用好日常管理数据和信息技术,尽最大可能、最大限度提高考评过程、数据和结果的客观性。

一、考评主体

通用电气公司总裁韦尔奇认为,职工对自己的本职工作比经理们(管理者)清楚得多。每年伊始,他就在公司实行了"全员参与"制度,那些平时没有机会互相交流的员工都能出谋划策、参与管理,工作积极性被更好地调动起来,特别是将考核评价交付员工自主管理,充分的信任和自主参与,反而使得以往难以把握的考评变得简单、有效,结果也得到了员工的普遍认可。实施这一制度后,通用电气公司在经济不景气的大背景下实现了较快发展。

大量管理实践表明,员工参与管理不仅能提高工作效率,而且能激发员工强烈的责任感。对行政部门更是如此,绩效考评环节如果能够为广大干部职工创造更多机会,让他们积极参与到管理中来,可以有效增强考评阶段的沟通和协调,提高考评结果的公信力。

实际工作中，针对不同考评对象和考评内容，确定了被考评者个人、单位（处室）、考评小组、监督小组、相关职能单位、绩效办等多种考评主体，明确了考评中的审核、复核、监督等责任，这种适度分权、各负其责的考评责任划分确保了考评结果的客观公正、群众公认。

被考评者个人：每名干部职工负责对自己承担的三级（岗位）指标的自评。

单位（处室）：负责对照绩效指标考评标准，逐项审核绩效管理信息系统数据及相关证明材料等考评依据，完成本单位（处室）一般工作人员三级（岗位）指标自评结果的审核工作。

考评小组：每年年初由绩效办组织成立若干考评小组，成员从各单位（处室）干部职工中抽调，负责对单位（二级）指标的考评，以及三级（岗位）指标考评数据的核查。

纪检监察室及机关党委：负责对各单位（处室）党风廉政建设和干部职工廉的考评。

人事教育处：负责对干部职工德、勤的考评。

监督小组：负责监督考评过程，确定指标考评结果。

绩效办：负责组织整体考评过程，审核指标考评数据。

二、考评程序

要想考评出客观公正的结果，必须有规范严密、公开透明的考评程序。实际工作中，标准化绩效管理体系采取季度和年度相结合的方式开展绩效考评，将绩效考评流程划分为"考评准备、单位（处室）及岗位（个人）考评、考评结果生成"三个阶段。每个阶段又细化为很多具体步骤，"考评准备"包含考评工作方案制发、考评清单制发等基本内容，"单位及岗位考评"包含生成指标原始得分、申辩申诉等基本内容，"考评结果生成"包含生成换算得分、生成考评总分、同级别排名、考评结果展示等基本内容。这里只介绍一些关键步骤。

生成指标原始得分。考评小组按照考评清单将单位、岗位指标考评数据录入标准化绩效管理信息系统，系统软件按照指标考评标准及评价方法自动生成各单位（处室）和岗位（个人）的绩效指标原始得分，这一得分将业务执行和完成情况作为绩效考评的客观依据，原汁原味地反映了指标对应业务工作的实际执行情况。考评清单一般是从绩效计划指标中选取，也可根据实际工作进行部分追加。

对各单位（处室）来说，信访工作、督察督办、人大代表建议和政协提案等指标对应的工作年初难以确定是否发生，将这些指标定为年终按照"添指标法"统一结算，按照既定星级纳入承办单位指标体系（比如，督查督办工作可确定为20件以上5颗星，15~20件4颗星等），并按照星级动态调整所有指标基础分值。

申辩申诉。在绩效考评结果最终确定前，考评对象对绩效考评结果有异议的，可向绩效考评主体提出，并提供相关证据，考评主体应就此进行核实，并根据核实情况做出是否对绩效考评结果进行调整的决定，确保绩效考评结果客观公正。单位（处室）、岗位（个人）指标的初始得分修正后，即为绩效指标原始得分。

为确保结果的客观公正性，在绩效考评时设置申诉申辩流程。申辩申诉是各单位（处室）及其工作人员提出申辩申诉理由证据、考评主体复核信息的过程。这个过程的逻辑关系是：申辩—申辩信息复核—申诉—申诉信息复核。单位（处室）及其工作人员在得分发布后规定的时限内向绩效办提请申辩。绩效办根据申辩内容，按照管理权限，将申辩事项交由考评小组或其他责任单位调查核实，并反馈复核结果。申辩人对复核结果仍有异议的，可在接到复核通知后的规定时间内向上级提请申诉。

生成换算得分。绩效指标原始得分结果主要反映了考评对象绩效指标的完成情况，不能有效体现不同考评对象工作量、工作难度和实际贡献的差异，即绩效考评结果的横向可比性较差，应根据不同考评对象的实际情况，对其绩效考评结果进行换算，使考评结果能够客观反映出每个单位和工作人员的努力程度。

生成考评总分。单位或个人绩效指标换算得分按照特别加扣分结果修正后，减单位党风廉政建设或个人德勤廉扣分，即为绩效考评总分。其中，根据党风廉政建设和个人德勤廉考评结果确定考评等次，"优秀""较好"等次的，不扣分；"一般"和"较差"等次的，将实际得分与"较好"等次最低分值的差额作为扣分分值。

同级别排名。即按照单位性质和个人职级不同分类排名。一般来说，按照行政部门惯例单位（处室）可分为业务管理类、综合管理类和事业单位类；个人按照职级分类排名。

开展年度绩效考评工作，考评了各单位（处室）及其负责人、其他工作人员承担的各项绩效指标完成情况和特别加扣分情况。主要步骤如下。

（一）自评与民主测评阶段

各单位（处室）及其一般工作人员对照考评清单、指标考评标准、第三方评价指标考评数据，分别完成对单位指标和岗位指标的自评，准备相关证明材料。各单位完成本单位一般工作人员自评结果的审核工作，修改指标执行数据，分配单位共性指标分值，评价工作负荷系数，准备单位（处室）和岗位（个人）特别加分项目申请资料。人事教育处、监察专员办公室、机关党委等单位完成各单位党风廉政建设和工作人员德勤廉等方面的民主测评工作。

（二）现场考评阶段

从各单位抽调正职、分管绩效工作的副职、绩效联络员及具有绩效管理工作经验的人员，组成八个考评小组，另设监督小组。考评小组到所负责单位进行现场审核，完成所负责单位指标执行数据的审核工作，留存考评证明材料，撰写所负责单位绩效考评报告。同时，核查一般工作人员考评数据和特别加分申请资料。考评中，考评小组对未完成的绩效指标按照考评标准进行了扣分。其中，涉及多个处室的扣分指标包括"加快支出进度"、"年终结余结转率""年初预算到位率"等3项业务指标以及"政治理论及业务学习和组织生活开展""标准化及绩效管理""综合文稿"等三项共性指标。

监察专员办公室同步完成各单位党风廉政建设和工作人员廉的考评，人事教育处同步完成对工作人员德勤的考评。

（三）审核汇总阶段

绩效办完成对各考评小组提交的单位和一般工作人员考评资料进行了审核，并留存相关证明材料；对特别加扣分材料进行汇总，分类提交上级及绩效管理改革小组审定；通过行政绩效管理系统生成绩效指标原始得分、各单位分管副职责任系数、分管副职和一般工作人员负荷系数，汇总形成年度绩效考评初步结果，在系统内进行公示。

（四）考评结果生成阶段

各单位（处室）及其工作人员对绩效考评结果有异议的，按照规定程序进行了申辩申诉。绩效办按照申辩申诉结果修正初步原始得分，生成最终原始得分；通过行政绩效管理系统对年度绩效考评原始得分进行换算计算，生成全年各单位（处室）及其工作人员的绩效考评总分，形成最终绩效考评结果。

在考评的各个阶段，经多次研究、充分听取各方面反馈的意见，对广大干部职工提出的建议逐条进行斟酌，召开多次专题会议研究解决方案。在申辩申诉环节，非常重视各单位（处室）及其工作人员的各种诉求，根据实际情况对部分绩效指标执行数据进行了修正。总体看，年度绩效考评结果基本做到了"八九不离十"，各单位、各单位副职、一般人员的分数跟大家的日常印象绝大多数是比较一致的。

也可进一步改进考评方式，全程网上操作，不再进行现场考评，不仅使考评结果更加客观，也大大提高了工作效率。

三、考评方法

指标执行数据真实准确是考评结果客观公正的前提。但对行政部门来讲，由于业务范围宽泛，指标种类繁多，加上长期以来形成的传统管理思想、方式和方法的影响，很难做到指标执行数据完全真实准确，有时甚至难免带些"人情味"，影响考评结果的客观公正。在实践中，摸索出自身行之有效的数据采集模式。可以概括为三个"用好"。

用好日常管理数据。绩效考评采取现场考评的方式进行，由考评小组在年度考评阶段，对绩效指标执行情况逐一审核相关佐证材料。这一考评方式类似于目标管理，具有明显的结果导向。比如，有的指标上半年甚至第一季度就已经执行完成，相关佐证材料缺失，给考评带来一定难度；有的指标完成结果佐证材料充分，但过程数据不全，只能完全按照结果给予考评得分。从年初就将管理做到了日常，通过周记、月结及时上传指标执行数据，各项工作开展过程、完成结果全程留痕，考评时不再到各单位（处室）现场考评，而是通过标准化绩效管理信息系统直接提取日常管理数据，指标执行数据的真实性、准确性大大提升。

用好第三方数据。对各单位（处室）共同承担的共性指标和多个单位同时承担的指标，前者如公文处理，后者如预算执行进度，由相关职能单位（处室）提供指标执行数据。这些指标在绩效计划阶段，就由职能单位（处室）设定考评标准和考评方法，多轮征求被考评单位（处室）和岗位（个人）的意见建议，在平等磋商、深入沟通的基础上，明确了大家公认的日常做什么、年终考什么、怎么考等内容。考评阶段，相关职能单位（处室）提供指标执行数据，由绩效办汇总公示，然后交考评小组作为考评依据，透明公开的指标数据来源和获取过程，使考评结果较好地反映了工作实际，得到了各单位（处室）、广大干部职工的广泛认可。

用好信息技术。按照采集方式，考评数据分为审核评价和系统获取两类，其中系统获取指从各类信息系统中提取考评数据，这类数据一般真实准确性较高。因此，在实践中应不断提升系统获取类指标比重。有计划地为各个管理信息系统搭建接口，逐步实现信息系统一体化运行，在提高系统获取类指标比重的同时，即时从相关管理系统中提取指标执行数据，比如，公文处理指标执行数据从办公自动化系统中提取，交办督办事项办理过程和结果从督办系统中提取，预算编制、执行等指标执行数据从预算编审系统、国库管理系统中提取，确保了这些指标执行数据的真实、准确。

第二节 考评结果的"可比"性

只有实现单位（处室）、岗位（个人）考评结果之间的横向可比，才能真正体现出努力程度不同，也才能为考评结果的合理应用打下基础。在推行标准化绩效管理之初,将考评结果横向可比作为攻坚的难点,经过反复研究、反复比较、反复实践,选好"参照物",建立"坐标系",运用统计学和数学方法,将绩效考评原始得分换算成相对可横向比较的最终结果,破解了行政部门推行标准化绩效管理的瓶颈。

一、综合衡量

一项国际田径比赛中,我国跳高运动员跳出2.30米的高度,而跳远运动员跳出7.63米的成绩,那么这两项成绩哪项更好?显然高度和长度难以放在一起比较,必须参考国内、洲际、世界纪录,以及其他运动员的成绩等因素,综合衡量,才能确定出哪个项目表现更优异。对行政部门更是如此,性质不同的两项工作,一项绩效考评得分率95%,一项绩效考评得分率80%,哪项工作付出的努力多?直观上可能第一项工作完成得更好,但第一项工作全国平均得分率达100%,第二项工作全国平均得分率只有75%,实际上可能第二项工作付出的努力更多。

行政部门业务范围宽泛、种类复杂,很多工作性质、内容、难度、工作量差异很大,同时,不同单位(处室)绩效指标在量化程度、分值权重的设定、考评标准的设定等方面也可能存在差别,如果简单地进行绩效结果对比、排队,就难以反映工作努力程度,绩效考评也就失去了实际作用,考评结果的应用更是无从谈起。

为实现不同工作考评得分之间的横向可比,必须引入统计学方法,实现相对的间接比较。简单说,就是设置一个相对客观、清晰、公认的"坐标系",明确各项工作(指标)统一的"参照物",将不同工作的绩效得分与参照物比较,运用平均值、标准差、平方差、离散系数等数学方法和统计学原理,经过多轮运算、多次换算,计算指标得分的"含金量",消除各单位(处室)、各岗位间职责分工的先天差异,把原始得分"兑换"成可比的绩效得分。这一原理类似于其他货币绑定美元的兑换政策,这里美元就是一个统一的"参照物"。因此,有人把绩效分值"换算"形象地比喻为各种货币兑换美元的过程。绩效管理中的"美元",也就是"参照物"可设定为所有指标的平均得分水平,即平均得分率。

二、建好"坐标系"

从统计学原理来讲,两组数据的质量是可以通过标准差、平均值等参数比较的。因此,将同类指标绩效得分列入样本,把一项指标绩效得分扩充为一组得分数据,再与所有指标得分组成的数据组进行质量比较,就可以换算出每项绩效指标得分的"含金量"。梳理各级行政部门的机构设置、工作类别,有以下四种思路可以根据工作实际灵活采用。

利用下级数据实现可比。考虑一些行政部门上下级之间机构设置较为统一、工作内容一致、管理方式相同，比如实施垂直管理的国地税系统，省市局之间同单位（处室）的同一项指标属上下承接关系，性质相同、要求基本相同、考评主体类似。这类机关可将下级机关同一项绩效指标得分率列入样本，组成绩效得分数组，换算出指标绩效得分"含金量"。对工作内容上下级不完全一致的，还可以根据工作实际，按照工作性质将各单位（处室）指标合理分类，下级有同一指标的进行换算，下级未开展相关工作的不再换算。比如，可分为基本职责指标和关键绩效指标。其中，基本职责指标是指各单位按照"三定方案"必须履行的职责；关键绩效指标是由战略目标分解的指标，且该指标适用对下级考评。考评时利用下级关键绩效指标数据，运用平均值、标准差等数学方法进行换算，得出关键绩效指标的可比分数，再与基本职责指标得分合并进行横向排队。此方法要求上下级机关机构设置和管理方式相似度较高，并且可能需要对指标进行科学分类，相对难度和工作量较大。

利用历史数据实现可比。在历史数据基础上建立可比坐标系，又可分为两种方法。一种方法是搜集多个年份的历史数据，计算同一指标历史各年份得分，将单个绩效得分扩充为一组分年度得分数据，再运用平均值、标准差等数学方法进行换算，得出可比分数。另一种方法是搜集各指标的历史数据，特别是各指标上年度同期数据，在历史水平上严格按照"跳一跳，摘得到"的原则，统一"增量"确定绩效指标标准，年终考评后直接排队。此方法存在历史数据难以搜集、工作量大等缺陷。

利用同类指标实现可比。根据指标类型和数据来源分析，虽然各指标之间不具有可比性，但一些业务相近、数据来源一致的指标具有较强的可比性。因此，对一些管理面宽、下属单位（处室）较多的行政部门，可考虑充分利用同类可比指标选择余地较大的优势，将绩效指标按照可比性合理分类，运用平均值、标准差等数学方法对考评的原始得分进行换算，以得出相对可比的分数。比如，可将指标分解为行政管理类和业务类指标，每类再细分为量化指标和非量化指标，根据数据来源又细分为系统获取类和综合评价类指标，这样指标就细分成多类指标，直至考评标准基本相同，每类指标的可比性就大大增强。再用平均值、标准差等数学方法对每类指标考评的原始得分进行换算，实现不同类型指标间的可比。此方法与同一指标不同层级间的换算、排队相比，存在精确性不足、指标分类难度较大等缺陷。

设定系数实现可比。对一些工作相对简单、历史数据难以收集，同时也不能利用下级数据实现可比的行政部门，可为每个单位（处室）设定"单位负荷系数"或称"单位换算系数"，实现横向单位可比。待运行一个时期后，再运用积累的历史数据建立坐标系实现可比。此方法初期主观性较强、精确性较差。

三、计算努力程度

有了"参照物",建好了"坐标系",就要进行关键的得分换算了。在各项统计指标中,平均值、标准差是衡量不同数据组质量高低的重要参数。

实现不同单位(处室)之间可比的具体思路是:一是利用平均值计算不同指标得分的"含金量"。统计学中,平均值是衡量一组数据平均质量的,简单讲,平均分低的指标(不容易得分),整体调高该指标分数;平均分高的指标(容易得分),整体调低该指标分数。举一个例子(以利用上下级数据实现可比为例),假设只有"政府性债务管控"和"文体活动组织"两条指标,其中"政府性债务管控"满分10分,但由于完成难度大,该指标全省各级平均分只有7分;"文体活动组织"同样是10分,全省完成得比较好,各级平均分9分。将这两条指标的得分与全部指标平均得分相比,把"政府性债务管控"指标的分值整体调高,平均分增加到8分,"文体活动组织"指标的分值整体调低,平均分减少为8分,实现指标得分在一个水平线上比较,或者说是在一个坐标系上比较。二是利用标准差计算指标分差的"含金量"。假设"文体活动组织"的全省最大分差0.1分,"政府性债务管控"的全省最大分差1分,那么,"文体活动组织"指标比别的单位高0.1分,就相当于"政府性债务管控"指标比别的单位高1分。

对个人来说,除因所属单位(处室)工作性质不同导致不可比外,不同单位(处室)考评时手松手紧的尺度不同,也是导致不可比的重要因素之一。因此,在消除指标难易程度和离散程度的差异后,有必要消除单位(处室)之间的考评执行尺度差异。实际工作中可进行两步换算。第一步,消除不同指标间的得分难度差异和分值离散程度差异,换算原理与不同单位(处室)绩效指标得分换算原理相同。第二步,消除不同单位(处室)考评时手松手紧的尺度差异,基本做法是:一是确定不同单位(处室)工作人员的"参照物",为实现不同人员绩效考评得分的可比,也必须设置一个相对客观、清晰、公认的参照坐标,因每名工作人员的绩效基础得分都是双百分,这个"参照物"可设定为所有单位(处室)工作人员的原始平均得分。二是确定指标得分与"参照物"的比较方法,将同一单位(处室)工作人员绩效得分列入样本,将单个人员绩效得分扩充为一组得分数据,再与全部人员绩效得分组成的数据组进行质量比较,从而实现不同单位(处室)之间工作人员原始绩效得分"含金量"的比较。三是计算不同部门工作人员原始绩效得分的"含金量",就是平均分低的单位(处室),整体调高工作人员分数;平均分高的单位(处室),整体调低工作人员分数,从而保证执行尺度严的单位(处室)不吃亏,执行尺度松的单位(处室)不占便宜。举个简单的例子,考评执行尺度松的单位（处室），在第一次换算后会出现单位（处室）内所有人平均分偏高的情况，假设某单位（处室）人均得分99.9分；考评执行尺度严的单位（处室），则会出现单位（处室）内所有人平均分偏低的情况，假设另一单位（处室）人均得分85分。第二次换算就是把得分高的单位（处室）所有人的分值统一按比例调低，使平均分降到92.5分，把得分低的单位（处室）所有人的分值统一按比例调高，使平均分升高到92.5分，这样就可以把两个单位（处室）的工作人员绩效得分放到一起来比较了。

考虑各区市财政局标准化绩效管理推进程度不一致，特别是绩效考评工作进度不一，进行单位和岗位指标换算时，采用了按照规定的指标分类进行换算的方法，取得了较好效果。

单位年度绩效换算得分。它是根据所有同类型单位指标的平均得分率和标准差，通过一系列消除所承担的各单位指标得分难度和分值离散程度差异的运算得出。计算公式为：

单位年度绩效换算得分∑{［(单项绩效指标得分率-同类绩效指标得分率平均值)×(各项绩效指标得分率标准差平均值+同类绩效指标得分率标准差)+各项绩效指标得分率平均值］×单项绩效指标基础分}。

同类全部是满分的指标，换算后得分率降低到所有指标得分率的平均值。比如，某一指标得分率为100%，实际得分10.2564，换算后得分率为99.45%，换算得分10.1997。出现大范围扣分的同一指标，换算后指标的平均得分率将提高到所有指标得分率的平均值，同时不同单位该指标的得分率向平均值靠拢，也就是说，得分率特别低的指标提高程度较大。比如，某处室"加快支出进度指标"得分率为70.6%，实际得分5.4308，换算后得分率为90.88%，换算得分6.9906，调高幅度28.72%；另一处室"加快支出进度指标"得分率为100%，实际得分8.0460，换算后得分率为104.58%，换算得分8.4142，调高幅度4.58%。

从绩效考评结果看，综合类单位指标全部得满分，经过换算后单位得分普遍在994.8分左右；预算管理类单位，特别是部门预算主管处，支出进度和结余结转率指标分差较大，换算后平均分基本全部提高，且得分较低的单位调高的幅度较大，比如有的处原始得分在991分左右，换算后超过995分。

个人年度绩效换算得分。单位（处室）负责人得分按二级指标换算得分计算。其他工作人员需要进行两次年度绩效换算。第一次，根据所有同类型岗位指标的平均得分率和标准差，通过一系列消除所承担的各岗位指标得分难度和分值离散程度差异的运算得出。第二次，根据单位内所有同类型岗位指标的平均换算得分率和标准差，通过一系列消除所承担的各岗位指标换算得分难度和分值离散程度差异的运算得出。计算公式为：

个人年度第二次绩效换算得分=（个人年度绩效指标换算得分-本单位工作人员年度绩效指标换算得分平均值）×（各单位工作人员年度绩效指标换算得分标准差平均值+本单位工作人员年度绩效指标换算得分标准差）+各单位工作人员年度绩效指标换算得分平均值。

这样，一般工作人员普遍得分较高且分差不大的处室，将调低平均得分；得分较低且分差较大的处室，将调高平均得分，并缩小分差。因此，可能出现处室内相对得分较低人员二次换算得分更低的情况，也可能出现处室内相对得分较高人员二次换算得分更高的情况。

第三节 只要努力就给机会

标准化绩效管理建立在岗位平等、分工不同的基础上，绩效考评结果的客观公正、横向可比，只是较为准确地衡量了各单位（处室）、岗位（个人）完成绩效指标的努力程度。但是，行政部门很多工作的难易程度、工作量大小难以量化，不同岗位之间的工作量和工作难度也有不小的差异。因此，必须引入一些技术手段，更加客观地衡量全年工作努力程度的不同。尤其重要的是，标准化绩效管理不只是一种管理工具，更是一种导向、一种理念，更应通过适当的技术方法，引导广大干部职工主动想事干事，激发干事创业的积极性。

一、群众的眼睛是"雪亮"的

从任何一个层面单独去观察一名干部职工，进而做出的判断评价都难免片面。比如，简单让某一个处室的处长去评价一名干部，有可能会受到个人好恶、偏见的影响，给出不够公正客观的评价结果。而综合各方面的信息，特别是综合广大干部职工的反馈信息，出现偏差的概率就会有效降低。因此，应当引入多维评价法，通过群众的眼睛，全方位、多角度、多层次的观察、掌握被考评者信息，对干部职工的努力程度进行综合评价，尽量避免或减少误差，保证考评结果的相对客观、准确、全面和公平。

多维评价法是建立在管理学、心理学和行为科学的理论基础之上，如测量理论、印象管理理论和控制理论等。在绩效管理的考核评价阶段，这一方法较多地用在对个人的定性评价上。比如，通过处长、副处长以及处室其他同志对个人的工作努力程度进行评价，这些因素按一定的权重比例换算后，计入每个人最后的绩效得分。这对于组织、管理者和管理对象来说都有着非常重要的作用。对于组织，上评下、下评上、相互评，多渠道评价既有助于相互之间的了解，也使团队内部更加融洽和谐。对于管理者，综合多渠道的评价信息，对个人的评价更加准确、全面、完整,更有说服力。对于个人,综合各方面的评价,有助于更好地了解自己、改正不足。

标准化绩效管理中的工作负荷系数是多维评价法的具体应用。工作负荷系数是指单位内部不同人员之间进行工作量和工作难度评价的指数。实践中,经过多年的实践和微调,采取每季度评定工作负荷系数、年终统一计算的方法,对各级干部职工开展多维评价,较好地反映了工作实际。同时,考虑到每个单位(处室)内部各个岗位的工作量、难易程度不可能完全相同,如果把工作负荷系数都设置为一个等次,不但会挫伤责任重、工作多的同志的积极性,同时也会在一定程度上助长那些不干事的人,这是显失公平的。为避免这一结果的出现,在工作负荷系数的使用上又引入了强制分布法,按照"中间大、两头小"的正态分布规律,预先确定评价等级以及各等级在总数中所占的比重(例如,将负荷系数分为高中低三档,则相应档次的人数占比应分别为2:7:1),然后按照被考评者的努力程度将其列入其中某一等级。

一般工作负荷系数评定方法:

工作人员全年工作负荷系数=∑(季度工作负荷系数)÷4。

(一)季度工作负荷系数总值

根据各单位(处室)被考评人数(N),采用"人均法"计算总值,人均值设为0.99,计算公式为:

季度工作负荷系数总值=0.99×N。

(二)季度工作负荷系数等次

设A、B、C、D、E五个等次,分别对应1、0.99,0.98,0.97、0.96。

(三)季度工作负荷系数评定方法

评价人可在总值范围内,对被考评对象评定季度工作负荷系数等次。被考评对象为1人的,可任意评定等次。被考评对象总数2人以上(含2人)的,不得全部评为一个等次。其中,A等次不超过考评对象总人数的30%,E等次不超过被考评对象的10%(四舍五入,不足整数按整数计算),B、C、D等次不设限制。

(四)季度工作负荷系数评定主体及权重

对各单位分管副职,由主管领导、本单位正职、本单位一般工作人员分别按照50%、30%和20%的权重评价得出,其中主管领导按照主管范围内所有分管副职总人数计算工作负荷系数总值,统筹设定工作负荷系数。对各单位其他工作人员,由本单位正职、本单位副职、本单位除本人外的一般工作人员分别按照50%、30%和20%的权重评价得出。

二、用好调剂手段

对改革发展中做出突出贡献的，或者日常工作有实质性创新的，给予特别加分，是树立正确导向、激励干事创业的必要调剂手段。同时，鞭策后进也必不可少。实际工作中，设立特别加扣分项目，就是根据行政部门内部各单位（处室）及其工作人员的工作结果或行为表现，对符合规定条件的增加或扣减其一定的绩效得分。但是，对特别加扣分的把握是一个技术难题，在特别加扣分项目上，可能会存在先天差异。比如，有的单位或者岗位因工作性质，没有加分的可能，造成先天性"营养不良"。为避免机会不均等导致的考评结果不公平，实践中应着重把握以下几点：第一，加扣分范围要小，标准要严，确实具有"特别""与众不同"之处，发挥好特别加扣分激励引导或警示作用，体现工作导向。第二，加扣分的权重要充分论证，不能产生大的偏差，不能影响基本排序。绩效考评结果体现了一个单位（处室）或者个人的全年工作努力程度，不能出现仅靠加分就将考评结果从最后一档提高到第一档的情况。第三，确保加扣分机会的均等，做到起点公平。特别是对那些兢兢业业、默默奉献的岗位，要给予特别加分机会。

绩效管理特别加扣分规定明确规定：特别加分项目包括创新工作、突破性工作、其他加分三类。其中，创新工作是指当年谋划开展的，同时具备首创性（创造性）、有效性和实用性的工作项目，由各单位在年度绩效计划环节自行申报，经上级研究确定，年度绩效考评环节依据工作完成情况加分或扣分，包括重大创新、一般创新两档，预设分值分别为同类管理对象绩效换算得分最大分差（以下简称最大分差）的10%、5%，另设单位内部创新，作为各单位评定工作负荷系数的重要依据；突破性工作是指各单位当年谋划开展的，取得突出成效的工作项目，由各单位在年度绩效考评环节自行申报，经上级研究确定后，每项加最大分差的5%；其他加分是对埋头苦干、甘于奉献、加分机会较少的一般工作人员，由上级领导提名，经审核确认后，每人加最大分差的3%。特别扣分项目包括行政行为有过错、行政权力运行有过错、行政违法行为、其他工作失误四类，扣分分值分别为最大分差的5%、5%、10%和5%，由领导或相关职能部门在年度绩效考评环节提出扣分意见。

加分与扣分已经成为标准化绩效管理中不可或缺的组成部分，导向作用日渐凸显，各单位（处室）每年初就主动谋划工作怎么创新、怎么突破，干部职工工作积极性、主动性明显增强，各项工作的完成标准也得到大幅提升。

三、把个人融入团队

标准化绩效管理将各项工作层层分解细化，落实到人头，但这并不意味着各自为战。增强团队向心力、凝聚力是标准化绩效管理追求的目标之一。因此，在个人和团队关系的处理上，应引导个人在自我管理、自我发展的同时，时刻关注他人、关注团队。为实现这一目标，标准化绩效管理在个人最终绩效得分设计上，较好地兼顾团队和个人，将个人最终绩效得分设计为两个组成部分：一是个人年度绩效考评总分，二是所在单位（处室）年度绩效考评总分。二者按照一定权重加总后，得出个人最终绩效得分。同时，将单位（处室）绩效成绩按一定权重加入个人绩效成绩具有内在合理性。一方面，个人的绩效与单位（处室）的绩效存在密不可分的关系，单位（处室）的指标向下分解到个人，个人绩效组成了单位（处室）绩效，两者的挂钩可促进个人为了单位（处室）的成绩而努力，增强个人的团队精神和集体荣誉感；另一方面，对单位（处室）的考评是由同一层面组织的，考评主体类似，不存在手松手紧等尺度不同问题，考评结果具有相对可比性，单位（处室）绩效在个人最终绩效成绩中占有一定权重也会相对降低个人绩效得分的不可比性。实际工作中，将单位（处室）绩效得分占个人绩效成绩的比重设定在40%。

为实现干部职工绩效与单位（处室）绩效挂钩，同时体现单位（处室）副职之间承担工作量的差异，为单位（处室）副职设定了责任系数。责任系数是依据单位副职所承担工作在单位整体工作中所占比重计算得出的一种系数。同时，为避免简单利用所承担指标分值计算责任系数，造成得分差异过大，可为责任系数设定约束条件。

责任系数设定方法：责任系数根据单位（处室）内各副职间承担单位指标分值的相对分差而计算得出。单位副职责任系数=（个人承担绩效指标基础分-本单位所有副职承担绩效指标基础分平均值）×0.00002+1。将因责任系数影响而导致的最大分差控制在1分，既体现工作量不同，又不至于分差过大。关于最大分差的控制，需要在实践中根据指标完成情况逐步摸索。责任系数对最终结果影响过大，容易导致各单位副职在绩效计划阶段"抢"指标，或者硬性拆分指标，相应对指标完成的质量关注度降低，需要合理把握好"度"。

四、特殊情况的处理

一些行政部门内部包括松散型管理的二级机构等特殊机构，应在绩效考评时予以特殊处理。比如，对于行政部门内部存在的数个单位组成的合署办公机构，不宜单独作为考评对象，而是将其作为一个整体（单位）纳入绩效考评范畴；对于经营性事业单位，其部分人员管理和业务运行具有一定的相对独立性，应与其他单位区别对待，单独进行绩效考评，以便于其绩效结果应用。

对经营性事业单位可实行单独绩效考评。一是单位年初设定明确的绩效目标，总分设为100分，年终由考评小组对目标执行情况进行考评，单位得分既为主要负责人得分，各经营性单位（处室）及其主要负责人作为同一类别进行排名。二是各经营性单位参照农发办做法，内部自主实施绩效管理，制定内部绩效管理制度及指标体系，与各单位同步组织，同步完成年度绩效考评。三是单位绩效目标顺利完成的，分管副职及工作人员得分平均值与各单位同类人员得分平均值拉平后，分类纳入排名；单位绩效目标不能顺利完成的，按照上述方法拉平，再统一乘以单位绩效目标得分率后，分类纳入排名。比如，某经营性单位工作人员绩效得分平均值为96，A工作人员绩效得分99，同类人员绩效得分平均值为98，当单位绩效目标完成率100%时，A工作人员换算得分=99×（98-96）×100%=101.0625；当单位绩效目标完成率95%时，A工作人员换算得分=99×（98-96）×95%=96.0094。

每个行政部门每年都会有发生岗位变动（含干部交流等情形）或者因长期借调、派出、病事假等外出超过一定时限的干部职工，对这些特殊人员也应提前考虑。其中，岗位变动（含干部交流等情形）的工作人员，其年度绩效得分由变动前后所在岗位绩效得分按照时间比例加权平均计算得出；长期借调、派出、病事假等外出超过一定时限的人员，根据外出原因区别对待，确保绩效结果的客观公正。比如，到艰苦地区挂职锻炼的人员，绩效得分就应该较高。此外，军队转业、系统外调人和达到最高任职年龄的人员，也应给予一个较为公平的绩效结果。

第九章　持续改进是管理的活力源泉

第一节　持续改进的重要性

绩效改进既是绩效管理的目的，也是绩效结果的应用；既是推动日常工作持续优化的有效手段，也是螺旋上升的开放式管理循环的关键环节。只有做好持续改进，才能最广泛地聚合起积极因素，不断强化目标指标落实，稳步提升工作和管理水平，持续深化目标认同和共识，进而实现组织和个人绩效的双提升。

一、避免类似错误再次发生

日常工作中，各级行政机关可能都会遇见这样一个问题，每天开展的大部分是一些日常性、重复性的工作，在这些工作中又始终有些问题常改常有，有些失误常纠常犯，不仅制约着工作质效的提升，有的甚至成为长期困扰各级各部门的"痼疾"。打个比方，就像难以根治的"牛皮癣"，抹点药就轻，不管它就重，而且总体没有向好趋势。究其原因，无外乎以下几点：一是缺乏持续改进的机制。传统经验管理模式之下，人的知识水平、工作经验、能力素质、情绪状态等等，都是影响工作开展的因素，加上形势变化、人员更迭、工作内容变更等不可控因素时有发生，工作质效提升受到很大制约，一些高难度、高风险的工作节点屡次产生问题、发生失误，难以有效避免。二是缺乏持续改进的工具。各级各部门尽管每年都会有一次甚至几次的问题整改，但这些整改大多采取查找问题、制订改进方案、落实改进措施的工作方法，整改时轰轰烈烈，整改也很见成效。但由于整改的系统性、针对性不足，有的改进"头痛医头、脚痛医脚"，有的改进难以形成长效机制，有的问题甚至年年整改年年有。三是缺乏主动改进的动力。在传统管理模式中，很多人已经形成了思维定式和路径依赖，"久入芝兰之室，不闻其香，久处鲍鱼之肆，不闻其臭"，一些好的做法始终没形成固定制度，对一些长期存在的小问题习以为常。每次集中整改，都难免出现整改和工作"两层皮"，为找问题而找问题、为整改而整改，有的改进效果难以保证，有的问题甚至整而不改，整改过后工作还是老套路、老样子。

"科学管理之父"泰勒认为，达到最高工作效率的重要手段是用科学化的、标准化的管理方法代替经验管理，这一论断直到今天仍不过时。对各级行政部门更是如此，绩效改进作为标准化绩效管理的关键环节之一，正是建立在科学化、标准化的管理方法之上，每次改进都以规范的管理为基础，又将改进成果落实到标准化的管理制度体系中，确保了从根本上解决工作中存在的问题，使得下一周期的工作站在一个更新、更高的起点之上。同时，绩效改进以科学的绩效计划、周密的过程管理和客观的绩效考评为前提和基础，工作中的失误或者差距，以及这些问题产生的原因，很容易找到病灶和病因，可以有针对性地对症下药，加以解决。此外，标准化绩效管理还有一个更加重要的优势，对这些工作失误或者差距的过程留痕、客观考评，以及对个人努力的正向激励，引导着广大干部职工主动去及早发现问题、迅速解决问题，追求组织、团队和个人绩效的不断提升。

二、把工作做到极致

一次，华为公司与西门子竞争一个重要的订单。开始时华为公司并不被看好。在试用阶段，西门子的工程师在安装调试完后就离开了现场。而华为的工程师发扬"铺盖卷"精神，一头扎进客户机房里，持续地观察设备状况，总是赶在客户之前发现问题、马上解决。虽然西门子的系统在该领域被公认为最好的，但华为公司通过迅速、及时、有效的改进，各项测试指标基本都超过了西门子的系统，最终拿到了订单。

显而易见，持续改进是解决难题、提高竞争力的重要手段，华为赢就赢在通过持续改进将系统做到了更好。当前，各级行政机关都面临着艰难繁重的改革发展任务，群众的期望、上级的要求越来越高，新事多、大事多、难事多已经成为很多地方和部门工作的真实写照。比如，大部分改革任务都是前所未有的新事、大事，在做好改革设计的同时，还必须时刻紧盯基层落实情况，时刻掌握形势变化，准确把握改革方向和力度，才能确保改革取得预期成效；一些难事只有盯紧工作进展，及时根据情况变化调整方式和方法，一步一步扎实推进，才能"水滴石穿"把工作做得更好。在这种形势和要求下，依靠传统的经验性、指令性管理模式，用开会、调度、下文件等方式抓工作显然"力不从心"，有时即便付出了加倍的努力，也难以高质量完成各项任务。

标准化绩效管理中的持续改进机制，特别是过程管理中的即时提醒、即时纠偏机制，为我们不断提升工作质效，提供了全新的视角和工具。从管理流程看，通过对指标执行过程的监控和指导，针对发现的问题和不足，及时纠正工作与目标之间出现的偏差，把功夫下在平时，把问题解决在萌芽状态，这是标准化绩效管理有效实施的题中要义，体现了精细管理的精髓，为灵活、及时、有效的改进提供了便利，能够确保工作目标的实现。从管理方法看，从时间、数量、质量三个维度，对比上级要求、历史数据、同行业先进水平，为工作持续改进、不断提升提供多维度导航，能够确保各项工作达到上级要求、走在全国前列。通过日常工作中的持续改进，不断纠正支出进度偏慢、市县绩效预算管理改革进展不平衡等难点问题，确保了目标任务顺利推进。

三、为管理注入新的活力

在一个新建成的宾馆，有客人一头撞上了高大明亮的玻璃大门。大约过了不到一刻钟，另外一个客人在同一个地方撞上了玻璃。旁边的一个清洁人员说："这些人也真是的，走起路来，这么大的玻璃居然看不见，眼睛到哪里去了？"其实，解决问题的方法很简单，那就是在这扇门上贴上一根横标志线，或一个公司标志图即可。

这个例子说明的是管理学中著名的"修路理论"：当一个人在同一个地方出现两次以上同样的差错，或者两个以上不同的人在同一个地方出现同一差错，那就有可能不是人有问题，而是这条让他们出差错的"路"有问题。对各级行政部门来讲，标准化绩效管理体系是一个全新的管理模式，在实践中难免遇见这样那样的新情况、新问题，特别是一些关键环节、关键技术仅靠规则远远不够，还需要根据工作实际拿捏好工作力度和推进方法，广大干部职工的传统意识、传统理念，乃至工作习惯也需要与时俱进，根据新的管理模式和方法进行相应调整。

一个能够实现螺旋式上升的良性循环，离不开管理体系的自我革新、自我优化、自我完善。因此，对标准化绩效管理体系的持续改进也必不可少。每年绩效考评后，都需要根据以往年度的实践运行经验和从各方收集整理的意见建议，对绩效管理体系中需要改进的目标、指标、程序、技术、方法等进行调整和修正，在实践中不断提高标准化绩效管理水平，确保能够持续符合组织需求、形势变化和现实需要。同时，持续改进还能够实现提高各级领导干部管理技能、促进广大干部职工成长与发展的作用，不断为管理体系注入新的动力活力。一方面，通过绩效差距分析，可以发现各级领导干部在管理过程中出现的问题，比如是否对部门、单位（处室）的绩效目标指标胸中有数，是否掌握了现代管理中的技术和方法，是否及时有效地开展了绩效辅导等等，进而通过改进提高其管理技能。另一方面，通过绩效改进，帮助广大干部职工总结好的经验，分析差距和不足，有针对性地强化能力素质培训，实施经验和知识共享，更好地调动工作积极性和创造性，提升个人素质能力和工作水平。

第二节 改进的具体内容

运用标准化绩效管理实施工作改进，重点是对职责工作和管理体系的改进。一方面，借助标准化绩效管理体系，可对职责工作进行全面、系统、持续的改进；另一方面，在对职责工作进行改进的过程中，也会发现管理体系本身不完善的地方，从而推动体系的改进。两者相互促进、共同提升。

一、职责工作改进

对职责工作的改进可以在日常随时进行，也可在一个年度考评结束后系统进行。日常通过绩效监控，获取改进信息，持续改进完善工作。考评结束后，针对考评结果反映的情况和问题，结合绩效计划，实施横向纵向的绩效分析，开展双向排查，分析原因，制定改进提升计划。改进的关键点包括：绩效考评结果比较（确定绩效差距）→编写绩效分析报告（差距原因分析）→审核绩效分析报告（确定差距原因）→编写绩效诊断报告（建议绩效改进点和改进方法）→编写绩效提升计划（初步确定改进点和改进方法）→审核绩效提升计划（确定改进点和改进计划）→实施、检查绩效改进计划（实施改进）。

确定绩效差距和原因。确定差距和分析原因是做好绩效改进工作的基础。各级领导干部应与广大干部职工一起，针对日常工作中出现的偏差，或者绩效考评反馈的结果，分析工作中存在的差距和不足。在分析过程中可以利用目标比较法、水平比较法和横向比较法，以确定最终绩效结果与绩效目标之间的差距、与其他人员之间的差距、与自身历史水平的差距等，然后从外部原因、内部原因，以及制度原因和个人原因等多方面进行分析，以便查找出真正的原因所在，为制定改进方案奠定基础。

确定绩效改进点。如前文所述，导致绩效不佳的原因可能有很多方面。对一个组织来讲，全方位的改进有时可能受到资源、权限等各方面的制约。因此，查找出这些原因之后，需要进行深入细致的分析，精准确定改进的突破口和切入点。一般来说，应明确整体改进的方向、规划和步骤，并选择迫切需要提高、用时较短、资源耗费较少，且改进效果明显的改进点作为突破口。换句话讲，应在综合比较的基础上，选择"性价比"最高的改进方案，这样可以明显提高绩效改进的质效。

确定绩效改进方法。改进方法的选择直接决定了改进的效果。按照因素来源区分，导致绩效不佳的原因有内因和外因两种，在选择改进方法时应区别对待。内因是指干部职工本身原因导致的绩效不佳，比如能力不足、态度不够积极等。这类问题需要采用发展的策略解决，也就是通过让干部职工参加在职培训，向有经验的同事或者主管学习，观摩他人做法或者通过自学等方式提高自身的知识和技能，达到岗位绩效的标准。外因是指制度等外部因素导致的绩效不佳。这类问题需要采取完善管理的策略，也就是通过优化各项管理制度，最大限度地排除广大干部职工干事创业的外部障碍或者制度缺陷。比如，人事管理部门在进行调查的基础上对激励制度进行修改，使制度更加体现对人的关怀，培养广大干部职工对组织的归属感和忠诚度。

制定绩效改进计划。绩效改进计划就是把有待改进的方面、需要改进和发展的原因、目前的状况和期望达到的水平、改进的措施和责任人以及改进的时限用固定的方式确定下来。一个有效的绩效改进计划要满足以下两点：一是可操作性强。要有明确的改进步骤，第一步做什么，第二步做什么，如何做等等，改进内容应符合 SMART 原则，也就是绩效改进希望达到的结果必须明确具体、可衡量、有时间限制等。二是责任明确。只有明确了责任人才能使绩效改进措施"落地"，否则只能是纸上谈兵，同时单位（处室）之间、干部职工之间还要互相提供协助和支持。

实施、检查绩效改进计划。实施和检查绩效改进计划是绩效改进的最后一步，可以把实施过程看成一个微型的标准化绩效管理循环，要求各级领导干部注重过程和辅导，不断与工作人员进行沟通，对工作人员的不足给予指导和帮助，对工作人员的进步给予一定的表扬和鼓励，树立工作人员的自信心，确保绩效改进计划圆满完成。

自实施标准化绩效管理以来，狠抓绩效改进环节，有效解决工作中长期存在的问题，大大提高了工作效率和水平，彰显了绩效改进在管理中的优势和力量。在实施全面改进的过程中，同样是按照绩效改进的基本流程来执行的：第一步，确定绩效差距和原因。在年度考评周期结束后，针对绩效考评结果反映的情况，对绩效未达到预期目标的部分或标准化管理存在的不合格项工作，特别是指标扣分情况，及时进行横向纵向的全面比较及客观分析，诊断被考评单位（处室）存在的问题，深入查找原因。第二步，确定改进绩效点。在查找出差距和原因之后，有针对性地向被考评单位（处室）提出工作方面的绩效改进建议；各单位（处室）根据发现的问题，向工作人员提出工作方面的绩效改进建议。第三步，确定绩效改进方法。根据绩效改进建议，各单位（处室）及其工作人员经过沟通协商，确定具体的改进措施及方法。第四步，制定改进计划。待绩效改进方法确定之后，各单位（处室）及其工作人员一并制定提升计划，为下一个管理周期的绩效计划制定提供重要依据、为绩效提升提供有效路径。第五步，实施、检查绩效改进。在绩效改进计划审核通过后，各单位负责人需要按计划，定期检查绩效改进计划的落实情况，并对有关问题进行反馈和整改。

二、管理体系改进

标准化绩效管理体系的改进是根据一个管理周期的运行情况，结合绩效考评结果和工作实际，在广泛征求意见的基础上，就标准化绩效管理制度、流程及目标指标设置、信息系统功能等方面制定改进措施，组织进行调整和修订。改进的关键点包括以下几个方面。

征集意见建议。年度绩效考评结束后，绩效管理组织实施机构按照绩效管理有关制度的时间要求，下发关于征求绩效管理改进意见建议的通知，向各单位（处室）及其工作人员广泛征求意见建议。被征集对象结合绩效考评结果和工作实际，就绩效管理制度、流程及目标指标设置、绩效系统功能等方面提出意见建议。

汇总形成报告。绩效管理组织实施机构对收集到的各单位（处室）及其工作人员意见建议，从绩效管理制度和系统应用平台两个方面进行认真归纳梳理，逐条研究，充分吸收，提出解决问题的处理意见，制定绩效管理体系改进措施，撰写绩效管理体系的年度改进报告，做到条条有回应、项项有结果。其中，对指出绩效管理制度和系统应用平台有明显不当、存在不足和与实际不符的，及时予以采纳，不断丰富完善绩效管理体系；对属于理解有误、依据不力和考虑过于片面或理想化的，虽不予采纳，但均应准确说明原因予以合理解释，增进大家对绩效管理体系的深入理解，并逐步达成共识，对暂时无法解决的则列入今后的工作研究范围。

议定改进事项。绩效管理体系的年度改进报告需进一步征求各单位（处室）及其工作人员的意见建议。同时，在征求意见建议过程中，与各单位（处室）及其工作人员进行深入沟通，实行横向到边、纵向到底的网格化管理，点对点论证、面对面沟通，进一步修改完善体系改进报告。改进报告需报经上级决策机构议定。

实施系统改进。经绩效管理议事机构审定后的体系改进报告，由绩效管理组织实施机构向各单位（处室）及其工作人员公布，并用于修订绩效管理相关制度文件和完善绩效管理信息平台。对绩效管理体系中需要改进的目标、指标、制度办法、系统设置和操作等按规定进行调整和修订，并对绩效整改提升情况进行督导。

绩效考评结束后，在广泛征求意见的基础上，坚持理论与实践相结合的原则，提出相关措施建议，针对思想认识不深入、部分绩效指标设置不够科学、绩效沟通不够充分、责任系数设置不够完善、负荷系数设置容易出现偏差等问题，研究制定改进措施，使标准化绩效管理运行日趋科学、规范、有效。在标准化绩效管理体系成熟度有较大提升时，广大干部职工对标准化绩效管理也越来越认同。在深入研究相关意见建议后，确定"纠偏、补漏、微调、定型"等改进方式，逐项确定改进方法、步骤，努力做到制度规范的"篱笆"越扎越紧、操作拿捏的"力度"越调越准、系统运行的"节奏"越来越稳、标准化与绩效管理的"融合"越来越深。比如：指标"公文处理"，考评标准为"按照时间节点完成得满分，每延误1项扣时间分值的5%。"这一设计有可能导致"多做多错"等不公平现象的发生。针对这一情况，采取"纠偏"的方式进行改进，为这一指标设置容错区间，采取"基准加减分法"管理，设定基准延误率为4%，延误率小于等于4%的，不扣分，高于4%的，每增加1%扣5%的分。有了容错区间，办文多少都需要更加谨慎，多的单位要把延误率控制在一定范围内，少的单位更要严格控制失误。

第三节　改进的方法

效果如何，方法很关键。标准化绩效管理的科学性、规范性虽然为持续改进夯实了基础，但改进效果还取决于改进所采取的方式方法。工作实践中，逐渐摸索出一些套路，"望闻问切"找准了"病灶和病因"，"对症施治"确保了"药到病除"，绩效改进效果不断显现，各项工作和管理水平都得到了持续提升。

一、找到病因

"善治病者，必医其受病之处；善救弊者，必塞其起弊之原。"对工作的改进也是这样，首先要发现问题，找准问题，才能解决问题。中医诊病有"望、闻、问、切"四法，这对绩效改进有很强的借鉴意义，有助于我们查找问题、分析原因。

望，就是要看得全。确认绩效不足和差距是绩效改进的第一步，应尽量提高站位、放宽视野，充分利用日常监控情况和绩效考评结果，查找工作和管理中存在的各种问题，做到全覆盖、无遗漏、无盲点。通常情况下有三种方法：一是目标比较法，即将绩效考评的最终结果与绩效计划期的目标相比较来确认绩效差距的方法。二是水平比较法，即将本期的绩效考评结果与上一期绩效考评结果进行比较，来衡量其进步和差距的方法。这种方法一般用于行为类的绩效改进，关注工作人员的进步。三是横向比较法，即在各部门、单位（处室）间、各工作人员间进行横向比较。这种方法一般用于找到某项工作的最佳部门、单位或工作人员。

闻，就是要听得清。"听"不仅局限于改进阶段，要想改进"靶向"准，必须全程听得清。在制定绩效计划阶段，要听取大家对目标指标的意见，听取大家对工作标准设定的看法。在绩效监控阶段，要听取大家完成指标的情况，对遇到的问题持什么观点，有什么建议。在绩效考评阶段，要听取对扣分指标的申诉意见、特别加扣分的意见，以及考评结果是否符合大家预期。在绩效改进阶段，要听取大家对职责工作改进有哪些想法，以及大家对管理体系的评价，听听大家对工作负荷系数、责任系数等技术方法是否认同。听的过程，就是了解"民意"过程。

问，就是要问得明。全员参与、民主决策是标准化绩效管理区别于传统管理的主要特征。在注重倾听的同时，还要主动征求意见，采取平等对话的方式问计于广大干部职工。在构建标准化绩效管理体系之初，就要组织各层面反复论证，广泛征求意见。在制定各部门和个人的考评目标指标时，应发动广大干部职工按照统一的原则和标准，自行编写目标指标，再逐级汇总，统一评审，最终达成单位（处室）和岗位（个人）之间的"契约"。在体系运行时，可通过调查问卷、个别约谈、汇报会、分析会等形式，主动问询，了解情况。问的过程，就是集中"民智"的过程。

切，就是要断得准。"切"就是分析问题、诊断病因。发现工作和管理体系中的偏差、疏漏和错误后，就要抓主要矛盾和矛盾的主要方面，认真对相关问题进行归并、分类、整理、分析，抽丝剥茧，找准问题产生的主要根源。通常情况下可以用"绩效诊断箱"法，从工作人员的知识和技能、态度以及外部障碍几个方面进行分析。外部障碍是工作人员不可控制的因素，可以考虑工作人员有没有恰当的工具、充足的资源和信息等。知识和技能是导致工作人员绩效不佳的内因，针对出现的问题，可以考虑工作人员是否缺乏完成既定目标必须的经验和相关技能。态度问题与组织的激励机制密切相关，一般可以考虑工作人员对于职业发展规划是否明确，出色的绩效表现是否受到了表扬等。

二、对症下药

绩效改进的关键是对症下药。导致绩效不佳的原因是多方面的，有些容易改进且非常重要，而有些则根深蒂固不易改进，所以要进行绩效改进点的选择，不仅要做到药方精准，更要突出针对性，以提升改进效果。在实际应用中，可以综合选用多种方法进行改进。一是关键点改进法。这一方法就是选取对绩效改进效果能产生重大影响的关键点，集中人力、物力进行改进，把好钢用在刀刃上。二是突破点改进法。就是综合考虑每个待改进的项目所需的时间、精力和成本因素，最终选择用时较短、精力花费较少的比较容易改进的项目，由易入难逐步推进。三是认同点改进法。可以从工作人员认同的改进项目或者容易出成果的改进项目入手，这样可以提高工作人员的积极性。在选好关键点的基础上，开好药方，对症施治，才能取得良好效果。

实际工作中，需坚持三项原则、用好五种方法.

"三项原则"。一是 SMART 原则。给出的"药方"要具有一定的实用性和可操作性，必须具体、可衡量、可达到、相关和有时限。再好的"药方"，违背了 SMART 原则，也无法收到"药到病除"的效果。二是发展性原则。在制定与实施绩效改进计划时要有战略眼光，立足当前，着眼长远，既要解决好当前出现的问题，又要为实现绩效管理的螺旋式上升打下坚实的基础。三是辅导性原则。领导干部不能只当裁判，不做教练，要从全年目标和工作实际出发，结合干部职工的个人实际，进行必要的辅导，提供必要的资源和支持。

"五种方法"。一是纠偏。发现工作方向与目标之间出现偏差，或指标完成情况没达到预期，通过辅导、自查、提醒等方式及时进行纠正，确保工作朝着正确的方向推进。二是补漏。对工作推进和体系运行中出现的漏洞，应依照标准化文件要求及时研究提出解决方案，使管理流程和体系日趋规范、合理、完善、成熟。这样才能把制度的"篱笆"越扎越紧，使管理越来越完善。三是微调。对经过实际检验行之有效的措施，不轻易大改，在保持"基本方向不变、主体框架不动"的基础上，可根据形势发展变化进行微调。四是定型。把已经成熟的好经验、好做法用制度固定下来，不断建立健全体制机制。五是刨根。透过现象看本质，对多发、易发的扣分环节进行深入分析，把问题产生的根源刨出来，推出治本之策，管住源头，这是解决各类问题，实现持续改进的重要方法。

从两年的工作实践来看，在设定指标时，为防止扣分，指标标准"就低不就高"的现象比较突出，这与"跳一跳，摘得到"的原则背道而驰。这其中有人的主观问题，也有机制不完善的问题。为解决机制上的问题，推出联合基数法进行改进，即：将指标的上级要求和部门（个人）实际能力结合起来确定一个基数，按照超额奖励系数、不足惩罚系数、少报惩罚系数对部门（个人）进行奖励或惩罚，促使大家主动申报一个和实际相符的指标标准。因为，实施这一方法之后，只有"说真话"，才能有最好的结果。

第十章 沟通需有始有终

第一节 沟通的重要性

沟通，可以从字面上来理解其最基本的意思，就是借助特定的渠道，将一条条各自流淌的小河"沟"联"通"起来，汇成河流，连成水系，形成合力，进而具备更大功能，发挥更大作用。在管理活动中，沟通就是信息的传递、情感的交流和智慧的共享。与其他组织一样，行政部门也是由具备不同价值观念、行为方式、能力水平、专业背景的一个个的个体组成。如果缺乏持续高效的沟通，不仅目标共识、协作配合等难以达成，广大干部职工对做什么、做到什么程度、怎么去做都不会有清楚的理解，各项工作肯定不可能顺利开展。因此，有效沟通是标准化绩效管理的应有之义，不可或缺。

一、没有沟通，就没有共识

为了发展本国文化，非洲土著人邀请了美国加利福尼亚州大学加州分校的一位教授前来授课。为了表示对土著人的尊敬，被邀请的这位教授，临行前还特意到商场准备了一套行头。那天，教授西装革履、一本正经。可是，教授一上讲台就直冒汗。原来土著人为了表示欢迎这位教授，以最高礼仪接待——他们不论男女全部都一丝不挂，只带着项圈，凡私处也只遮挡着树叶。教授感到很是尴尬，不过他很快稳定了情绪，开始了认真的授课，看得出来那些土著人也很不好意思。第二天，为了入乡随俗，教授一丝不挂地走上了讲台，只带个项圈，私处也用树叶遮挡。但是，他比第一天还感到尴尬，站在讲台上直冒汗。原来，土著人为了照顾教授的感情，吸取了头一天的教训，他们全部都西装革履、一本正经。下课之后，土著人纷纷向教授道歉，教授也觉得非常不好意思，双方做了沟通。第三天，教授穿着西装走上讲台，他看到在场的土著人也都穿着西装，坐得笔直。这次，教授没在冒汗，土著人也很高兴。

总结这次尴尬的经历，原因其实很简单：事先没有沟通。由于没有沟通，就没有关于以何种礼仪相待的基本共识，结果是教授因不了解当地风俗以致出现尴尬的场面，当教授了解并试图入乡随俗后还是闹出尴尬；当地人因不了解教授风格而造成尴尬，当他们了解并主动适应教授风格后又闹出更大的尴尬。最终，还是通过简单的沟通，问题才迎刃而解。假设双方事先进行了沟通，就礼仪问题达成共识，便不会两次都共同陷入尴尬的境地。

标准化绩效管理不仅是管理机制、管理方法上的转变，更是一场管理理念、行为方式的变革。在推进过程中，我们可能会遇到一系列难题，广大干部职工也可能面临一些困惑，例如：不理解为何要引入标准化绩效管理，标准化绩效管理能带来什么好处；不懂得绩效计划如何定得不高不低、恰到好处，执行中遇到障碍该怎么处理，如何获得帮助；不清楚绩效考评结果反映出了什么问题，怎样才能改进绩效等等。显然，对这些问题的纠结是管理体系顺利运行面临的巨大障碍，是一些部门推行时功效打折扣的深层次原因。

标准化绩效管理的顺利运行，离不开广大干部职工对管理体系构成、运行原理、关键节点、操作规程、注意事项、改进措施等各方面的共识。只有形成普遍的共识，才能保证大家心往一块想、劲往一块使，汇聚群智，发挥群力，圆满地达成目标，最终实现组织和个人的共同发展。那么，共识靠什么来达成呢？毋庸置疑，沟通是关键。甚至可以说，没有沟通，就没有共识。实际工作中，应针对以下几个方面，开展深入沟通。

第一，通过理念方面的沟通，树立对绩效管理的价值共识。如果广大干部职工对推行的必要性与可能性心存疑虑，就会放大它的弊端，甚至会从内心排斥这种现代管理方式，表现在行为上就是对标准化绩效管理的抵制。这种情况的出现，往往是因为理念方面沟通的欠缺，没有清楚地回答并解决一些关键问题。比如，标准化绩效管理理念不仅"让决策变为行动"，更会"把理想落在岗位"，也就是除了对部门有好处，对单位（处室）和岗位（个人）也有诸多益处；标准化绩效管理本身虽然不能解决全部问题，但能够从总体上形成良性机制。通过这些关于理念的沟通，树立整个部门从上到下的普遍共识，是顺利实施的必备前提，也是重要基础。

第二，通过认识方面的沟通，树立对绩效管理的行动共识。认识是行动的前提，有什么样的认识，就会有什么样的行动。标准化绩效管理不是一个简单的管理工具，而是一套精密的管理模式。在实际工作中，会出现各种片面理解和认识，进而会影响其管理效果。比如，如果认为标准化管理、绩效管理只能适用于企业，在行动上就一定迈不开脚步、浅尝辄止甚至阳奉阴违；如果认为标准化绩效管理只是上级用来约束下级的"紧箍咒"，那么体系的功能设定、运行设计、配套设施，都会被看做装置"紧箍咒"的系列行动；如果认为绩效管理是"只重结果、不重过程"，那么就会"唯结果论英雄"，只聚焦对成果的考核评价，而忽视过程管理的重要作用。只有通过深入沟通，在这些重要的认识问题上达成广泛的共识，才能确保广大干部职工积极行动、协调行动、有效行动。

第三，通过制度方面的沟通，树立对绩效管理的规范共识。标准化绩效管理本身是一种科学规范的管理制度，有规范的构成体系和运行机制，是实现部门管理和整个运行规范化的"利器"，可以从总体上预防和消除单位（处室）与岗位（个人）各行其是的空间，控制和矫正随意性。同时，标准化绩效管理的高效运行也离不开相关制度的全面保障。广大干部职工只有深刻理解这些制度的来源、内容和要求，才能被准确执行。因此，必须通过必要的沟通，引导广大干部职工充分认识这些制度的重要性，逐步形成规范共识，这既是推行标准化绩效管理的基本要求，也是实现整个部门运行规范化的现实需要。

第四，通过方法方面的沟通，树立对绩效管理的操作共识。标准化绩效管理作为一种现代管理模式，离不开先进科学的技术方法支撑。但这些技术方法对广大干部职工来说，基本都是全新知识，很多人刚开始不仅不会操作，理解起来都会很困难。例如，如何将部门千头万绪的工作明确为一个个具体指标；如何从所有指标中提炼关键绩效指标（KPI）；怎么设定每个指标的标准；如何实现考评结果可比较，回答好"小芳参加语文竞赛得85分，小明参加数学竞赛得90分，谁更优秀"的问题，等等。只有通过技术方法方面的充分沟通，让每名干部职工明白技术方法背后蕴含的管理理念、政策含义，并牢牢掌握正确操作的方法，才能保证标准化绩效管理的准确高效运行，让整个管理扎根于科学的方法与技术。

二、不会沟通，就做不好管理

有一个耳熟能详的故事。一个到海边度假的商人站在一座小渔村的码头上，看到一个渔夫驶着小船靠岸，小船上放着一些看起来很新鲜的大鱼。商人不禁夸赞渔夫说："你捕的鱼很大很新鲜，一般你捕这些鱼要花多长时间？"渔夫笑着回答说："先生，用不了多长时间，我才驾船出海几个小时而已。""既然你捕鱼的功夫非常好，那么，你为何不多捕一点呢？"商人有点困惑地问。渔夫笑了起来："我干嘛要那样做呢？我需要多余的时间做点别的事。比如，跟孩子玩耍，陪老婆睡午觉，和朋友喝喝小酒，唱唱歌。"商人抛出名片："依我的看法，你应该每天多花一点时间打鱼，用赚的钱换一条大一点的船。不出多久，你就可以买几艘船，雇更多的渔夫，然后自己做生意。"商人一边说，一边拿出纸笔画着图表，"与其把鱼卖给中间人,不如直接卖给加工厂,最后你可以自己开罐头厂。"他继续说,"当然,你还必须撤离这个小渔村,在市中心找个合适的地点,然后不断地扩大你的市场占有率……"。商人忙着按计算器和在纸上做笔记,然后说:"哦,大概……十五到二十年吧。"他说的有点上气不接下气,兴奋地等着渔夫对他的意见表示采纳和感激。"先生,这然后呢?"渔夫思考了一会说。商人笑着说:"问的好,我会很高兴给你建议,你可以把公司上市,然后出清你手上的股票,你就会变得很有钱。你可以赚上几百万,甚至上千万。""先生,几百几千万吗?"渔夫揉着脸颊问道:"那么接下来呢?"商人说等你有钱了你就可以退休了,选择一个你和家人想要的生活环境,你爱做什么就做什么,陪孩子玩,陪老婆睡觉,陪朋友喝个小酒,唱唱歌,你就可以有个美满又充实的生活。"渔夫有些不解的说:"先生,谢谢你给我的建议,不过我现在不就是过着这样的生活吗!"

显然,这是一次彻底失败的沟通。不可否认,商人是个精明的经营者,提出的奋斗目标和发展策略都很高明,但在本次沟通中却是个失败者,侃侃而谈半天,却最终被一个问题堵死,以致整个自认为精美的策划沦为徒劳。究其原因,关键就在于沟通:他只说要达成什么样的目标、如何达成这样的目标、达成之后会有什么好处,但忽略了最重要的一点,那就是首先通过沟通来激发渔夫内心深处对于改变现状的动力。显然,对于一个安于现状的人,再美好的目标,再有效的手段,再可行的路径,也不会有什么吸引力。毕竟,目标本身并不能发挥引导作用。

这个例子说明,要想实现有效的沟通,光有沟通意识、沟通愿望和沟通行动是远远不够的。大量的经验也表明,管理上出了问题,往往不是由于没有沟通,而是因为沟通不当,例如沟通目的的模糊、沟通对象的误判、沟通方向的倒置、沟通时机的不当、沟通渠道的不妥、沟通方式的无效,等等。可以说不会沟通,就达不到沟通的目的和效果,管理中就会出现这样那样的问题。

从行政部门管理实际来看,沟通往往是管理中的薄弱环节。实践也证明,在推行标准化绩效管理过程中,沟通不畅往往成为一个重要障碍,是造成绩效计划制定不合理、绩效监控实施不充分、绩效考评操作引质疑、绩效改进效果不理想等问题的重要成因。具体来讲,表现在以下几个方面。

第一,沟通因流于形式而无效。有些人认为做绩效沟通是浪费时间且没有什么成效的事情,不必费人费时,就给干部职工的表现打个分数,或者填些表格就应付了事了。有些人觉得沟通是一项十分困难的工作,对于沟通内容、沟通技巧等都不太明确,甚至想当然地认为沟通会产生一些正面冲突,从而逃避绩效沟通,使绩效沟通流于形式。

第二,沟通因蜕变为监督而无效。这是行政机关沟通中最常见的问题,有些人特别是领导干部,容易将绩效沟通单纯地理解为对单位(处室)、岗位(个人)

工作的日常监督。这会导致一些干部职工认为标准化绩效管理只是为了监督他们而采取的强硬措施，于是产生反感情绪，管理也就失去相应的激励和改进作用。实际上，绩效沟通除了监督功能，更重要的意义在于辅导、激励、提醒，使各方就绩效目标达成共识，帮助广大干部职工更好地完成工作，帮助他们提高素质能力。广大干部职工特别是领导干部，都应该树立一种极端负责的理念和态度，时刻注重彼此间的共同交流，共同发现问题、分析问题、解决问题，共同实现组织和个人绩效的双提升。

第三，沟通因缺乏人文性而无效。一些人能够认识到绩效沟通的重要性，但在绩效沟通的过程中却缺乏必要的沟通技巧。他们常常用传统的管理思维定式来理解，认为绩效沟通就是上级给下级下命令，很少听取他们的意见和建议。这就容易导致两种后果：一是下级并没有真正理解上级的管理意图，对自身的工作目标和努力方向处于迷茫状态；二是干部职工对自身承担的绩效目标指标、考评结果等有异议，但缺乏沟通的渠道和机会，最终导致认同度不高，标准化绩效管理工作开展困难。

在标准化绩效管理中，因"不会沟通"导致管理失败的常见表现，比比皆是，可总结如表10-1。这些问题在实际工作中应时刻注意避免，只有沟通到位、沟通高效，才能确保管理水平不断提升。

表10-1　标准化绩效管理中"不会沟通"的常见表现

表现	问题
沟通目的的模糊	（1）沟通沦为走过场 （2）没有明确的沟通主题或议题 （3）没有明确的沟通效果要求 （4）为了和气而不解决问题 （5）只提问题而不提改进
沟通对象的误判	（6）以上级替代下级 （7）以下级替代上级 （8）以单位替代个人 （9）以个人替代单位
沟通方向的倒置	（10）自上而下的误用 （11）自下而上的误用
沟通时机的不当	（12）超前沟通 （13）滞后沟通
沟通渠道的不妥	（14）书面与口头的颠倒使用 （15）传统与电子的颠倒使用

三、有效沟通，事半功倍

　　沟通是信息的共享、情感的交流、智慧的互补。由于分工的需要而对组织进行部门化分割、对任务进行岗位化分解之后，组织所呈现的碎片化，必须依靠粘合剂来保证在分工的基础上还能实现合作，让队伍不散，让组织有力。沟通就是这种不可或缺的粘合剂，它是保证整个政府部门整体性、协调性的无法替代的活动，是凝聚力的重要来源，标准化绩效管理中的沟通尤其如此。

　　一个非洲人一直有一个梦想，就是可以周游世界。积攒了一定的资金后，他终于上了路，这是他第一次离开自己的国家。非洲人的第一站就是经济大国美国，他从来都不知道外面的世界是这么的漂亮，周围的一切都让他感到大开眼界。一天傍晚，他在街上闲逛时，看到好多人都在排队，不知道是在等什么东西。"请问，你们再买什么东西吗？"非洲人挤过去问排着队的人。"哦，我们想要看电影，只有花钱买上电影票，才能进去的。"一个人答道。非洲人从来没有看过电影，于是，他也排队来到售票处，买了一张电影票便进去了。不一会，非洲人气呼呼地走出来又买了一张电影票，又进去了。可是，不一会，非洲人又出来了，到了售票处。售票处的小姐很好奇地问道："哦，先生，请问你遇到亲戚或是什么人了吗？为什么你老是来买票呢？电影都已经开始了。"非洲人很生气的抱怨说我哪有什么亲戚啊，每次我要进去的时候，就有一位小姐把我手里的票给撕掉了，我只好再出来买票了。"售票小姐一听，噗嗤笑了："先生，那是在检票，只有把票撕掉，你才可以进去。"然后，售票小姐亲自把非洲人送了进去。虽然电影是很好看，但那张电影票的事，非洲人到现在还铭记在心。他说："外面的世界虽然很漂亮，但是他们和我们什么都不一样，我再也不出去旅游了。"

　　将这个例子联系到我们的标准化绩效管理中，如果把买票看电影作为绩效目标的话，可以说，非洲人已经做出了锲而不舍的努力来实现它。然而，一方面由于自己没去主动询问沟通，另一方面也由于影院工作人员缺乏主动沟通服务，导致折腾了好几轮、费尽周折、浪费成本才终于实现了目的，令人身心疲惫。

　　在标准化绩效管理的实际工作中，也不乏这样的鲜活案例。有些干部职工，无论是对业务工作，还是对绩效管理体系，都处于一知半解的状态，存在问题但是不提，自己虽然费了不少功夫，下了不少力气，但成效不高，既影响效率，又代价高昂。上级领导、本单位（处室）领导也不能给予及时、充分、有效的主动性沟通与服务，致使疲于奔命但效果徒劳者并非个案，这是很典型的事倍功半。如果进行有效的沟通，则能避免和解决这些问题，达到事半功倍的理想效果。

第二节　做好全程沟通

做不好绩效沟通往往是推行标准化绩效管理的一个重要障碍，是造成绩效计划制定不合理、绩效监控实施不充分、绩效考评操作引质疑、绩效改进效果不理想的重要成因。那么，这些情况出现之际，也就应是开展绩效沟通之时。换句话说，必须把绩效沟通贯穿整个管理"四环节"，才能确保管理取得预期成效。

一、绩效计划阶段

制定绩效计划的过程，本质上就是部门、单位（处室）、广大干部职工进行双向沟通的过程。这一阶段绩效沟通的主要任务就是，就目标指标、评价标准和评价方法反复沟通，形成共识。首先，要明确目标，通过对目标本身的沟通，使广大干部职工明确自己的具体工作目标是什么。其次，要确定方法，需要对使用什么方法和措施来实现目标而进行沟通，以避免在后期执行过程中因方法和措施不当，出现方向偏差、效率低下的情形。最后，通过沟通知晓为完成目标需要哪些资源和支持。只有通过深入沟通，就目标指标、方法措施、资源支持等问题达成一致，标准化绩效管理才能更加有针对性、更加有效，广大干部职工才能更加富有成效地工作，才能与组织的整体发展保持一致，从而保证各级绩效目标的顺利实现。

实际应用中，绩效办与各单位、各单位负责人与工作人员之间根据三定规定、岗责体系、业务流程、年度工作要点，对绩效目标指标内容进行反复沟通。沟通内容主要包括如何确定绩效目标，如何将绩效目标逐级分解为单位（处室）和岗位（个人）三级指标，如何确定指标的"八要素"，怎样明确指标的时间、质量和数量维度，如何确定指标的数据来源等。经过深入的沟通交流，最终达成一致意见，编制出绩效计划，形成目标共识。

二、绩效监控阶段

绩效监控环节的沟通主要是针对绩效计划执行过程中出现的新情况、出现的问题进行指导、帮助和提醒。虽然在绩效计划阶段管理双方就具体的工作任务和标准达成了一致意见，但在执行过程中仍会不断地有新问题出现，因此需要通过持续不断的有效沟通，对出现的问题进行纠偏，帮助干部职工在既定的规则内沿着正确的方向开展工作。

各级领导干部、绩效办等应随时关注单位（处室）及其工作人员的绩效进程，才能促进绩效目标执行过程的顺利进行。首先，要进行辅导性沟通。当干部职工在目标完成过程中出现困难,一些目标任务难以执行或者难以达到既定目标的时候,各级领导干部应当主动帮助他们分析问题和原因,提出合理化建议。对广大干部职工提出的问题进行耐心解答辅导,帮助他们提升绩效执行能力,做好绩效执行道路上的领路人。其次,要进行关键节点沟通。在绩效计划执行的关键环节,需要着重监督沟通,看看计划执行进度怎样、完成效果怎样。如果遗漏了关键节点沟通,一旦出现问题,不仅单位(处室)、岗位(个人)目标完不成,更有可能严重影响到组织目标的完成进度。最后,就目标实现手段沟通。要时刻关注干部职工实现目标的方式方法,防止为达目的采取的短视行为,出现损害他人甚至是危害组织长远利益的情况。

在实际应用中,以标准化绩效管理信息系统为依托,通过查看单位(处室)和岗位(个人)的周记录、月计划和月小结情况,可精确地从时间、数量、质量等不同方面的控制节点,了解每个单位(处室)、每个人每项指标的完成情况,在执行中存在哪些问题。针对单位(处室)和岗位(个人)绩效计划执行情况及存在的问题,领导、绩效办和各单位负责人可以通过系统提示、面谈、邮件等方式,进行实时提醒和综合提醒。对于需要帮助和支持的,绩效办通过业务培训、会议传达等方式,对计划执行中的共性问题进行统一辅导;或者通过平台交流、工作面谈、电话、邮件等方式,对个性问题进行即时辅导。适时沟通完成后,绩效办填写《绩效沟通情况表》,记录沟通结果,录入绩效管理系统。

三、绩效考评阶段

考评结果既是对单位(处室)及其工作人员上一阶段工作完成情况的综合评价,也是下一步改进标准化绩效管理工作的坚实基础,因此在绩效考评阶段进行持续有效的沟通,主要为了实现两个目标。其一,利用绩效沟通减少分歧,提高单位(处室)及其工作人员对考评的认可度。其二,利用绩效沟通,帮助单位(处室)及其工作人员分析不足,为绩效改进奠定基础。

绩效考评的目的是客观公正地反映阶段性的工作努力程度。通过沟通,可以让广大干部职工清楚考评结果是怎么来的,依据哪些标准,有什么证明材料;通过分析比较,可以让其清楚自身有什么不足,产生不足的原因有哪些,该如何为下一步改进做准备。对考评结果有异议的,还应该认真听取单位(处室)及其工作人员提出的异议及理由,仔细核查其提供的证明材料。如若确实存在误判,应根据实际情况对考评结果进行适当地修正,但这一修正必须采取公开透明的程序进行,并报经有关职能单位审核。通过这一系列的沟通,让广大干部职工感受到考评结果是有理有据、客观公正的,而考评本身也是对他们提升自身能力的一种激励。

在实际应用中，绩效沟通贯穿于绩效考评的三个关键环节。首先，生成原始得分环节。当各考评主体将单位（处室）、岗位（个人）指标考评数据录入系统，系统软件按照指标考评标准及评价方法自动生成各单位（处室）和岗位（个人）的初始得分后，绩效办将原始得分通过绩效系统进行公布，以供被考评者及时了解自己的工作完成情况，自身有哪些不足。其次，生成考评得分环节。被考评者如若对原始得分有异议，可以通过申辩申诉的方式向绩效办反馈，绩效办会根据核实的结果对原始得分进行修正，生成最终原始得分，以确保考评结果的客观真实，增加被考评者对考评结果的认可度。最后，换算得分环节。换算得分是为了保证考评结果的公平、公正、可比，需要由绩效系统在后台进行复杂的数据运算。为让被考评者了解换算原理，绩效办通过举办培训班、会谈等方式，并接受电话和邮件的持续沟通，帮助被考评者理解接受分数换算过程，达成结果认同。此外，在组织特别加扣分评审过程中，至少也进行三轮以上的沟通，通过领导、单位（处室）、岗位（个人）之间的深入沟通，选出大家公认的创新项目和突破项目。

四、绩效改进阶段

绩效改进既是本轮标准化绩效管理的终点，又是下轮管理的起点，起到承上启下的作用。管理双方通过绩效沟通，分析上一周期存在的成效与不足，总结管理中的成功做法和经验，为下一轮管理提出明确有效的改进计划，以实现单位（处室）及其工作人员能力和绩效的双提升，达到部门管理水平持续发展的目的。

对于未按绩效计划要求完成的目标，需要管理双方共同分析原因，看看是制度环境等外因问题还是单位（处室）、岗位（个人）自身的内因问题。如果是外因，就要调整和优化不合理的制度流程，尽力扫清"拦路虎"。如果是内因，就要分清楚是"想做不能做"还是"能做不想做"的问题。"想做不能做"属于能力问题，要加强培训和锻炼，提升工作能力。"能做不想做"属于态度问题，要考虑是组织的激励措施不好，还是干部职工自身认知有问题。如果无合理理由的抗拒工作，导致工作任务无法完成，就需要进行辅导培训，甚至批评教育。总之，对于所出现的问题，组织和个人、上级和下级都要共同深入探究、细致分析，努力找出背后的真正原因，并采取相应的解决措施，否则会将问题带入下一绩效管理环节，对整体绩效的运行、改进、提升产生严重影响。

对于按绩效计划要求完成的目标，要分析目标是如何完成的，是单位（处室）及其工作人员通过个人努力完成的，还是有外部原因导致其轻易完成的。如果是前者，着重通过交流总结经验，看看有无可借鉴推广的工作方法。如果是后者，则要考虑指标设置的规则和标准是否有问题，是否需要调整和修改等。

在实际应用中，年度考评结束后，考评小组针对未达到绩效目标或存在不合格项的工作，向相关单位（处室）提出工作方面的绩效改进建议和标准化预防改进建议；单位（处室）依据考评中发现的问题，向工作人员提出绩效改进建议，帮助工作人员分析原因，制定提升计划。具体到绩效管理系统中，就需要单位（处室）或个人编写不符合项的绩效分析报告，由绩效办和单位负责人负责审核把关并填写诊断报告，改进人根据诊断内容编写提升计划，待提升计划经单位负责人和绩效办审核通过，整个沟通过程结束。

总之，绩效沟通贯穿于绩效管理过程的始终，在标准化绩效管理的所有关键环节中，都应该开展卓有成效的沟通活动，这是管理体系得以持续运转、各项工作得以持续改进的必要手段。

第三节　沟通是门艺术

沟通，作为一种专门的管理活动，是有规律可循的，如果遵循沟通的规律，一般会收到良好的沟通效果，比如选择科学的沟通方式、渠道和手段，遵循主动沟通、适时沟通、平等沟通等原则等。然而，尽管规律是可以总结的、固化的，但试图获得一种所谓的"有效沟通模式"或"成功沟通的标准化规范"，则近乎是一种空想。事实上，沟通的效果不仅取决于是否遵守规律，更在于如何艺术地运用规律。

一、有效沟通，从"心"开始

要想实现良好的沟通效果，不仅心中要有对沟通效果的向往与追求，愿意沟通、想沟通好，更要用一颗真诚的心，真正站在沟通对象的角度思考问题，才能做到有效沟通。

有一个男人平时有睡懒觉的习惯，每天早上都要妻子喊他才能起床。一天晚上，男人和妻子吵架了，他俩谁也不搭理谁，谁也不愿意先说一句话。男人第二天有个重要的会议，但他又不好意思张嘴提醒妻子，直到睡觉前，他才想出一个办法。于是，他拿出一张纸来写了个纸条：明早7点钟别忘了叫醒我！男人把纸条放到妻子的梳妆台上，什么话也没有说。妻子看了一眼，也没有吭声。第二天，男人一觉醒来发现已经8点了，就大声质问妻子："你怎么不叫醒我？我有一个很重要的会要开！"妻子一脸无辜地说："我已经提醒你了啊，7点钟的时候我给你写了条子，是你没有看而已。"男人一看枕边，果真有一个纸条，写着：现在已经7点了，你快起来吧！男人有些生气的说："这也算提醒我起床了吗？"妻子说："昨晚，你给我的不也是纸条吗？"男人一听，无奈地笑了。

俗语说，种瓜得瓜，种豆得豆。在这个事例中，无论是头一天丈夫请妻子第二天叫醒自己的沟通目的，还是次日早上妻子有意达成的沟通无效，都没能站在对方的角度，也不是立足于解决问题的沟通，因此沟通失败就成为一种必然。

在绩效沟通中，要想实现良好的沟通效果，并以此带动绩效改进，沟通双方均应立足解决实际问题，树立良好的沟通心态：一方面，各级管理机构、各级领导干部应以正确的心态，科学地认识到自己在绩效沟通中的角色定位，不应扮演审判官的角色，一味刻意批判沟通对象的不足，致使对方虽慑于权威，但口服心不服；不应出现老好人倾向，为了不得罪人，维持愉悦的沟通氛围，宁肯让沟通沦为过场；不应心胸狭隘，处事不公，致使矛盾重重等等。另一方面，干部职工也不应抵制上级针对自己开展的沟通，特别是要认识到标准化绩效管理不是为了管人、约束人，而是一个全员参与的良性循环，每个人的努力都会体现在全局工作中，每个人的意见也都会得到充分的尊重和考虑。在绩效沟通中，不要空发牢骚，一味夸大自己的优势而弱化自己的不足；也不要故意沉默，任凭上级说什么就是什么，说完之后没有功效。

二、没有平等，就没有真正的沟通

美国加利福尼亚州立大学专家通过对组织内部沟通进行研究后得出的了"沟通的位差效应"。他们发现，来自领导层的信息只有20%～25%被下级知道并正确理解，而从下到上反馈的信息则不超过10%，平行交流的效率则可达到90%以上。进一步的研究发现，平行交流的效率之所以如此之高，是因为平行交流是一种以平等为基础的交流。为试验平等交流的可行性，他们试着在整个组织内部建立了一种平等沟通的机制。与建立这种机制前相比，在组织内建立平等的沟通渠道，可以大大增加领导者与下属之间的协调沟通能力，使他们在价值观、道德观等方面很快地达成一致；可以使上下级之间、各个部门之间的信息形成较为对称的流动，业务流、信息流、制度流也更为通畅，信息在执行过程中发生变形的情况也会大大减少。这样，他们得出了一个结论：平等交流是组织有效沟通的保证。

当前，很多沟通专家都在倡导"加强平行沟通，促进横向交流"，平等的横向沟通的效果，要胜于依托权力等级而进行的纵向沟通。传统行政管理中，最大的问题就在于言路不畅，当管理层次增加以后，基层的声音就很难传达到高层那里。要解决这些问题，最好的方法就是打破上下级之间的等级壁垒，实现尽可能的平等交流。

三、用好方法，才能做好沟通

有效的管理者，一般是那些能够艺术性地运用管理科学的人。沟通活动有其自身规律，不以人的意志为转移，不能凭主观判断和好恶来开展沟通。但规律又是抽象的、宏观的、指导性的，在沟通过程中，我们遇到的障碍往往不是不懂得规律，而是不知道如何将其具体化、可操作化，这就需要艺术地来遵守科学的沟通规律，根据沟通目的、沟通对象、沟通时机等具体情况，选择适用的沟通技巧。

关羽在镇守荆州的时候，听说大哥刘备已经说服马超归顺蜀军，他心中甚为刘备高兴。不过，当关羽听到营中有传言说马超武艺高强，英勇能敌，简直就像当年的吕布一样时，他就不高兴了。关羽心想：我是何等的无敌，你马超要想成为万人敌，也要先过了我这一关才行。于是，关羽给刘备写了一封信，信中表示自己想要和马超比试一场。刘备看完信后，不禁长叹，陷入了进退两难的地步。刘备只好找诸葛亮，商量对策："关羽是我的义弟，马超又刚刚是我收的大将，甚爱之。如果让他俩约战，必有一失。可是，如果我不答应关羽，又担心会伤了兄弟间的情谊。我该怎么办才好？"诸葛亮沉默了一会，拿出纸墨来，便给关羽写了封信："马超这种将领和吕布并驱争先，但是和你比起来还是差很远呢！不要相信传言，我最清楚这里人的实力，没人能胜得过你。你好好地镇守荆州，要是出了乱子，我可要找你算账啊。"关羽收到来信后，哈哈大笑："知我者，还是大哥啊。"于是，他便把书信传到军营中给大家观看。一信多意，不同的人采取不同的沟通策略，恰恰体现了诸葛亮高超的沟通艺术。

在标准化绩效管理过程中，必须高度重视沟通的方式方法。沟通的方式方法多种多样，有口头方式、书面报告方式、正式会议方式、网络沟通方式等，所有这些沟通方式总结起来，可以分为正式沟通方式和非正式沟通方式。

正式的沟通方式一般都是事先计划和安排好的，适用标准化绩效管理组织实施机构与单位（处室）及其工作人员之间咨询关键问题。在日常的绩效沟通过程中，主要包括定期的书面报告、"一对一"的正式面谈、会议沟通等三种形式。不同的沟通形式都有各自的优缺点。

定期的书面报告。表现形式是使用文字或图表等方式，定期向上级报告绩效计划进度、遇到的问题、需要的支持等情况。这种沟通方式有固定的书面报告格式，可以培养单位（处室）及其工作人员系统性地思考问题，提高逻辑性和书面表达能力，同时沟通内容可提供记录查阅。但大量的文字工作易使单位（处室）及其工作人员感到厌烦，同时限于单向交流的形式，缺乏沟通的互动性，不利于发挥沟通交流的原本作用。

"一对一"的正式面谈。这种沟通方式要求绩效管理各方在规定的时间内，针对绩效计划的执行情况进行沟通交流，最终就某一问题达成共识并制定解决方案。好处是可以进行比较直接深入的交流，及时发现单位（处室）及其工作人员存在的问题与不足，及早消除出现的不利因素。同时面对面的交流，可以使单位（处室）及其工作人员有一种受到尊重和重视的感觉，有利于各方建立融洽的关系。

但是如组织或准备不充分，容易耗时间，对单位（处室）及其工作人员的交流技巧要求较高。

定期的会议沟通。这种方式更加直接，可以满足团队交流的需要，使他们相互掌握工作进展情况，组织也可以借机向单位（处室）及其工作人员传递有关组织战略和文化的信息。但是定期的会议沟通耗时耗力，如果时间安排不好会影响业务工作的开展，组织不够理想，也会使会议形式化。

非正式沟通适用于就日常疑问及时进行沟通咨询。非正式的沟通方法，形式丰富多样、灵活，如电话沟通、邮件沟通、QQ群、微信群、开放式讨论等，不需要刻意准备，也不易受到时间、空间的限制，问题出现后马上进行沟通，从而使问题得到最快的解决。

在沟通中更重要的是艺术地运用上述方法，才能取得更好的效果。例如，该如何提出单位（处室）及人员工作不足、又不至于激发其强烈反应呢？这就需要沟通艺术，可以运用汉堡原理（Hamburger Approach），按照以下步骤进行：一是先表扬特定的成就，给予真心的鼓励；二是提出需要改进的"特定"的行为表现；三是最后以肯定和支持结束。汉堡原理的作用在于提醒管理者，绩效沟通的作用在于帮助员工改善绩效，而不是抓住干部职工的错误和不足不放。因此，表扬优点，指出不足，然后肯定和鼓励，才是最佳的绩效沟通方式。

第十一章　标准化绩效管理"误区"的破解

第一节　"钻木取火"要不得

从基层调研情况看，行政管理机制、模式和方法的改革创新始终在不断推进，也取得了不小成效。但大多属于原有管理体系的修修补补，特别是在基层行政部门，不少还在把一些老做法当作探索和创新，在低水平上重复。导致这种情况的原因，主要是认识上的差距。比如，有的认识不到从战略上、根本上、机制上解决问题才是出路，还在一味"钻木取火"，将一些传统管理中的技术方法稍做改造后，应用在实际工作中；有的认识不到标准化管理、绩效管理等现代管理理念、技术和方法不仅一样适用于行政部门，而且是实现行政管理质效提升的必然道路；有的把绩效管理当做目标管理或者是绩效考核。推行好标准化绩效管理，必须首先解决好这些思想认识层面的问题。

一、惯性思维

有些人认为，标准化绩效管理是企业管理常用的模式，理念过于超前，技术方法过于繁琐，与行政工作难以接轨，是自己给自己戴枷锁、找麻烦；有的人还认为，绩效管理是额外的、附加的工作，不仅对先进的现代管理模式视而不见，甚至产生抵触情绪。这类问题的产生，大多是传统管理的思维定势在"作怪"，一些干部对新形势新要求认识不透，对传统管理方式存在路径依赖，不愿意接受和适应新的管理模式，有的人甚至不愿意打破"干多干少一个样，干好干坏一个样"的生态。这些思想认识导致从一开始就不愿意去深入学习、理解现代管理理念和方法，对标准化管理、绩效管理等现代管理模式一知半解，甚至连基本的术语和方法都没有掌握，更别说它的实质和内涵了。

正如西格纳联合企业的CEO劳伦斯•博斯迪所说："靠呵斥、喊叫和敲打迫使人做出优良绩效的日子早已经结束了"。实践证明，传统的指令式、经验式管理模式已经越来越难以为继，摆在眼前的只有两条路，或者转变理念，跟上现代管理的发展步伐；或者被时代所抛弃。那么，怎样转变管理理念呢？首先，要把标准化绩效管理看作是一种综合的、最基本的管理模式，用绩效管理的理念、方法来指导各项工作的开展，检查、验证各项工作的效果。其次，要把标准化绩效管理作为提升管理技能的有效手段。有的领导干部擅长专项业务，但缺乏基本的管理知识和技能，不知道怎样管理，只有不断学习、熟练运用绩效管理的理论和方法，才能迅速达到提高管理技能的目的。最后，要牢固树立抓标准化绩效管理就是抓工作的理念。无论是搞业务管理，还是搞后勤服务，还是做其他工作，如果利用不好标准化绩效管理这个工具，提高管理水平、提高工作效率、提高部门执行力就会成为"口号"和"空谈"。

二、照抄照搬

不少基层部门简单"复制"标准化绩效管理，或生搬硬套，或稍做修改，在一些管理技术、方法上不去揣摩，拿捏力度不准，管理结果不符合预期，就大呼"标准化绩效管理行不通！"；有的部门觉得标准化绩效管理太过复杂，只针对解决单个问题选取其中一个环节、一种方法应用，解决效果不明显，就认为标准化绩效管理没用。这种问题的产生，或是因为对本部门职责、机构、干部队伍等考虑不充分，同是行政部门，但管理基础、机构设置、干部职工能力和水平等不可能完全一样，特别是领导干部管理能力肯定存在差异，盲目模仿只能导致水土不服；或是因为不理解标准化绩效管理是一个环环相扣、持续改进的管理体系，以为拆散了也能用，但事实是片面简单化，其结果往往南辕北辙。比如，离开科学合理的绩效计划，日常管理就没有对象，绩效考评更不可能开展，将标准化绩效管理"拆散"应用，必然达不到预期效果，甚至带来更大的管理弊端。

在管理中没有"最佳"的实践，只有"最契合"的实践。同样，在标准化绩效管理中，只有对本部门的管理基础、战略目标、价值观、干部队伍等进行充分的诊断，才能"对症下药"，找到能解决绩效问题的"千金妙方"。比如，绩效计划的制订，一定是在部门战略目标引领下设置绩效目标指标，也一定是在深入研究分析各项工作的基础上，确定指标评价标准和评价方法，即使是同一项工作，在不同部门的标准也肯定是不一样的。同时，管理中必须因时而动、因势而动、因事而动，拿捏好各个环节、各种技术方法的力度，才能确保管理不偏差，结果不走样。比如，创新性工作和突破性工作的数量和分值、指标的权重、工作负荷系数的大小等等，都需要根据部门实际，合理确定、准确拿捏，这考验的是各级领导干部的管理能力和管理艺术。

三、重考评轻管理

重结果、重考评是推行标准化绩效管理中最普遍的误解。有的人认为，标准化绩效管理就是绩效考核，就是要个结果。因此，只注重结果排序，没有将标准化绩效管理当作过程的控制和管理，更没有着眼于人的管理、人的提升、人的发展。

如果学生只关注考试结果，忽视平时的学习和知识积累，那肯定不会有什么好成绩。费迪南·弗尔尼斯在《绩效！绩效！》一书中指出，"没有人可以完全掌握最后的结果，管理者必须将管理重心放在职工会产生结果的行为上"。标准化绩效管理是一套完整的现代管理体系，包括绩效计划、绩效监控、绩效考评、绩效改进和绩效沟通等"四环节、一主线"，是一个动态的管理过程。它通过充分沟通设定绩效目标指标，并明确完成目标时的激励，组织与个人就目标形成契约，达成目标共识。然而，目标能达成还取决于许多因素：比如干部职工自身的努力和投入、知识和能力、工作过程中的障碍等。因此，标准化绩效管理通过绩效监控持续跟踪和关注干部职工在绩效周期内的工作情况，并设计了绩效辅导、过程管理和绩效提醒等各种方式方法，帮助干部职工实现既定目标。尤其是各级领导干部不再做"甩手掌柜"，而是身兼咨询师、教练、后勤主管等多重角色，及时就工作过程中的偏差和错误，和指标具体承担人员共同商讨解决办法，为改进干部职工的绩效水平提供支持，从而最终达成或超越既定的绩效目标指标。绩效考评和奖惩兑现并不是绩效管理周期的结束，还需要针对绩效周期内出现的问题对业务工作和管理体系提出改进措施，以期在新的绩效周期中使工作水平得到进一步提高、管理体系得到进一步完善、干部职工素质得到进一步提升。

因此，标准化绩效管理和绩效考评是整体和部分、流程和环节的关系。标准化绩效管理的计划、监控环节为绩效考评的实施提供前提和依据；绩效考评为标准化绩效管理的目标实现提供保障，为绩效改进提供方向。绩效考评是对标准化绩效管理前期工作的总结和评价，具有滞后性、阶段性，是反馈控制；绩效管理则具有前瞻性、整体性，是包括前期控制、事中控制、反馈控制的全过程。如果只盯在绩效考评上面，必然会偏离标准化绩效管理的初衷。

四、忽视组织和个人目标的融合

实践中，有些人认为标准化绩效管理就是目标管理，片面地将标准化绩效管理当作实现组织目标的手段，忽视了实现个人目标的重要性，部门和干部职工之间没能达成目标共识。比如，在绩效计划阶段，之所以采取"两上两下"的深入沟通，目的就是建立组织和个人间的契约关系，达成目标共识，但是在实际操作中，有些单位（处室）和干部职工并不重视这一过程，其根源就是对标准化绩效管理的片面理解。

目标管理是通过建立目标体系，利用目标制定、目标实施及目标完成情况的评价等一系列步骤引导和控制个人行为。目标管理和标准化绩效管理在管理方法上有很多相通之处。例如，目标分解、考核评价等术语在目标管理和标准化绩效管理中都被大量使用。可能是这一点，使得一些人认为绩效管理就是目标管理。但是，二者的管理理念完全不同。首先，目标不同于绩效，目标强调的是工作的结果，绩效的内涵则更为丰富。目标管理具有强烈的结果导向，比较注重组织短期目标的实现，个人容易出现短期行为。除了结果导向，标准化绩效管理还有显著的能力发展导向，注重组织战略目标的实现，但组织目标的实现过程是通过个人目标的实现达成的，强调组织和个人的长期持续发展，注重实现组织和个人的双赢。其次，目标管理突出目标责任对个人的约束作用。标准化绩效管理则要求管理者和个人实行合作和持续沟通，目标的实现是上下级共同努力的结果。再次，在目标实现情况评价上，目标管理十分注重定量评价，但方法较为简单。标准化绩效管理则有专门针对组织、部门和个人的绩效考评方法，方法的系统性较强。

第二节　摆正心态看问题

标准化绩效管理讲求全员参与，共同促进组织目标的实现和管理体系的完善，并在具体环节和管理技术方法的设计上，突出了对个人的正确引导。因此，标准化绩效管理要求广大干部职工特别是各级领导干部摆正心态，认真按照管理规则参与管理、努力工作。但在参与过程中，有的人难以摆正心态，出现了一些短视行为、"小聪明"，导致绩效结果出现偏差，个别甚至出现努力工作结果反倒不好的极端现象。

一、"弯腰捡柿子"

某事业单位在编制年度绩效指标时，把感觉完成有难度或者不可控的重要工作，刻意压低指标标准；又为了显示单位的工作量大、任务重，将一些"躺着"就能完成的日常琐碎工作列入指标，以增加指标数量和指标得分率；同时，图省事将二级（部门）指标直接继承给了三级（岗位）指标。年底考评时，该单位所承担的绩效指标初始得分都是满分，自认为工作完成得好，稍微一"弯腰"就捡到了"满框柿子"。但是，公布最终排名成绩后却排到了事业单位分类的中游。单位负责人很不服气，就去找绩效办。绩效办工作人员通过分析该单位的绩效指标后，对其进行了解释。指标满分是原始得分，换算后的才是最终得分，由于标准尺度设置偏低，指标都完成很好，但同样标准和尺度的同类指标都是满分，看似皆大欢喜，但体现不出工作的努力程度，换算后自然就是平均分了。

其实上述案例就是典型的占小便宜吃大亏，其根源还是曲解了绩效计划设计的初衷。怎么正确理解绩效计划呢？第一，绩效指标设计的实质，是将各项工作量化或者细化。每项指标都对应着实际工作，指标的评价标准则是该工作需要达到的程度。对各级管理者来说，抓住了绩效计划这个环节，就抓住了整体工作的"纲"。第二，编制好绩效计划是做好各项工作的重要前提和基础。从标准化管理流程来说，相当于PDCA循环中的计划环节，科学合理的绩效计划可使全年工作有依据、有标准、有节点，能起到"事半功倍"的效果，但指标标准必须是"跳一跳、摘得到"，全年工作努力程度靠指标标准及其完成情况来体现，标准过低的指标，完成起来容易，但体现的工作努力程度也不高。第三，单位（处室）指标和岗位指标的用途是不同的。单位（处室）指标是领导班子用来管理单位的，岗位指标是单位负责人用来管理工作人员的。因此，从各级领导干部到每一名干部职工，都必须强化"研究指标就是研究工作"意识，按照"跳一跳，摘得到"的原则，严格认真地研究每一项绩效指标的评价标准、评价方法，只有这样制订出的计划才是有效的绩效计划，也才能在年终考评时体现出工作努力程度。

二、个人英雄主义

小陈是某业务处室的业务骨干，已具备被提拔的资格，因而经常把周围的人视为竞争对手，于是只是埋头把自己的工作做好，争取得到单位（处室）领导的认可。但是绩效考评后他发现，虽然个人承担的绩效指标完成得非常好，最后的绩效成绩却不理想，因此向绩效办提出了质疑。绩效办通过对该名业务骨干考评结果的分析，发现其个人承担指标虽然完成的很好，但是所在的单位整体指标完成的较差，工作负荷系数也较低，最后得分偏低也就不言自明了。

标准化绩效管理是一个全面的系统工程，不仅从职责分工、任务多少、责任大小、工作负荷、突出贡献、工作失误等多方位对每个人的工作努力程度给出综合评判，而且引导个人关注团队、关注他人。在这一管理体系下，一个人在绩效考评中取得好成绩的秘诀是"努力做最优秀的自己，努力为团队做贡献，并得到大家的认可"。只有这些条件在一个人身上发生共振时，这个人才能在同级别大排名中处于领先地位。那么，怎么做才能有最好的结果呢？首先，要努力提升自我，争取承担部分标准适当高一些的绩效指标，这样工作完成的好，才有机会在同类有难度的绩效指标换算得分中，因高于"平均分"而受益；争取成为单位或协作单位的创新工作、突破性工作成员，通过突破创新，争取在特别加分中有所收获。

其次，要增强团队意识，由于单位（处室）得分占个人得分的一定比重，只有团队工作完成的好，才能水涨船高，个人才会受益，这就要求日常工作中不仅注重个人工作的完成情况，也要注重同事间的合作与提醒，不能让一个人掉队，这样单位（处室）年终考评得分才能高，团队中的个体才能"一荣俱荣"。最后，还要得到广泛认可，通过努力工作、团结同事、互帮互助，用自己良好的表现获得大家一致的认可，打下坚实的群众基础。

三、平均主义

某单位（处室）"一把手"在分配指标时精打细算，在责任系数上找"平衡"，各副职的责任系数都接近平均数，基本是干多干少一个样；在工作负荷系数上搞"平均主义""轮流做庄"，将每个季度最高档次均匀地打给各个工作骨干。年终考评后，由于该单位每个人分数都差不多，导致没有一个人在大排名中绝对占优，使得在"单挑"中缺乏竞争有力的"种子"型选手。人为导致绩效结果与真实工作情况出现偏差，不仅干得多、干得出色的业务骨干心里有意见，干得不太好的心里也不服。

客观公正是标准化绩效管理的基本要求。为什么标准化绩效管理要引入工作负荷系数、责任系数等技术方法？标准化绩效管理是建立在岗位平等、分工不同的基础上，每名干部职工的绩效基础分值都是双百分。但是，为区分不同工作人员之间的工作量和工作难度差异，也就是为解决"干多干少一个样""干的多错的多"等问题，引入了工作负荷系数、责任系数等方法，目的就是实现过程和结果的公平。因此，正确理解和使用负荷系数、责任系数等技术方法，是实现绩效结果客观公正的重要保证。用一颗公平公正的心用好这些技术方法，结果自然就公平公正；用不好，结果就一定会出问题，各种"后遗症"也会纷至沓来。之所以出现上述那些问题，原因就在于一些干部职工尤其是一些单位（处室）的主要领导没有真正理解绩效管理的先进理念，没有真正学会使用先进的管理方法，惯性思维依然占据主导地位，传统管理中的"老好人"思想、平均主义思想、按资排辈思想仍在左右着工作，影响了绩效考评结果的客观公正。

第三节　关键节点别失误

标准化绩效管理是一套以"全程管理、全员参与、闭环运行、持续改进"为主要特征的系统工程，通过绩效计划、绩效监控、绩效考评、绩效改进等四个基本环节的紧密相连、环环相扣，来实现持续运转、不断提升。因此，对管理过程中每个环节的正确掌控是标准化绩效管理能够高效运转、不断深入人心的根本所在。实际工作中，有几个关键节点"牵一发而动全身"，必须重点关注，避免出现"差之毫厘谬以千里"的状况。

一、标准才有好成效

精准制订绩效计划是提高工作质效的重要基础。但在绩效计划阶段，设置绩效指标及评价标准是比较容易出问题的环节。比如：有些单位（处室）和岗位（个人）绩效计划设定不科学，指标导向性不强，对实际工作支撑不够，量化程度不高；个别指标设定的评价标准偏低，与实际情况存在差距，且数据来源较为模糊；部分指标录入不完整，缺项漏项，指标编号对应不规范等等。出现上述问题的原因大致可归结为三种：第一，不理解绩效指标与实际工作的关系，造成二者严重脱节；第二，没有完全掌握绩效指标编制的原则，靠"拍脑袋"设计指标和评价标准；第三，对本职工作缺乏深刻的理解和分析，不清楚历史数据、上级要求和同行业先进水平，甚至连本职工作都不了解。

那么，怎么制订出精准的绩效计划？至少要做到以下"两方面精准"：一方面，指标标准要精准。评价标准是衡量某一类绩效指标完成好坏的"尺子"。尺子设置过高，完成该项工作就没有了信心，有的人甚至会产生"破罐子破摔"的心理，反正完不成，索性随它去；尺子设置过低，不用努力就能完成得很好，工作质效自然高不了。体现在考评结果上，这两类指标最后得分都不会高。这就要求"尺子"高度适当，只有"跳一跳"，才可以"摘得到"。首先，深入研究分析工作，工作分析是绩效指标设定的基础，要想设计出科学合理的绩效指标和评价标准，就必须对本职工作有深刻的理解，掌握历史数据、上级要求和同行业先进水平。其次，清醒认识全局工作，特别是各级领导干部要明白整体目标的构成、要求、标准、进度以及本单位（处室）各项工作在全局的位置，这样才能避免单位（处室）指标权重出现畸重畸轻的问题。再次，认真开展双向沟通，各级领导干部必须在深入分析各项工作的基础上，对单位（处室）指标、个人指标及评价标准进行严格的审核，并与个人进行深入细致地沟通，才能确保达到"跳一跳、摘得到"的原则要求。另一方面，指标分配要精准。首先，绩效指标与业务能力要匹配，讲求"大马拉大车""小马拉小车"，分配工作要与业务能力相匹配，做到人事相宜，否则会造成工作的各种不畅。其次，绩效指标与承担人员要相匹配，由从事相对应工作的工作人员来承担，不能没干的来凑热闹，随便搭便车，也不能干了的没指标。

二、坚持才有好习惯

帮助广大干部职工培养良好的工作和生活习惯，是标准化绩效管理的重要目标之一。其中，最重要的技术和方法是过程管理，也就是周记录、月计划和月小结。但这一环节最普遍的问题是重视程度不高，惰性或多或少存在，有的单位（处室）和个人周记录、月计划、月小结录入不及时、不完整、不规范，有的甚至认为周记录、月计划、月小结等没有必要。

周记录、月计划、月小结等过程管理方法蕴含了多重意义。第一，绩效沟通是绩效管理的灵魂和主线，沟通的质量和水平，决定了绩效目标的实现和绩效的提高。不仅绩效目标制订阶段需要密切的双向沟通，绩效管理的实施过程也是一个互动沟通和提升过程。周记录、月计划和月小结就是上下级之间实现日常沟通的重要工具，上级不仅可及早发现、及时解决目标执行中的问题，还可以随时肯定、表扬、激励干部职工，实现有效的绩效监控。第二，过程管理是实现标准化绩效管理科学规范、客观公正的重要工具。在绩效管理系统中，对周记录、月计划和月小结的内容做了规范，工作留痕与绩效指标联系更为紧密，其内容将作为绩效考评的重要依据。同时，由负责周记录、月计划、月小结的审核主体履行绩效预警职责，采取工作面谈、系统录入等统一规范的方式进行绩效预警，实现日常工作即时纠偏。第三，过程管理的主要目标之一是培养广大干部职工良好的工作习惯，做事有计划，过程有记录，一定的时间节点有总结，这样才能实现持续改进。周记录、月计划和月小结就是实现这一目标的重要载体，它可以帮助个人养成良好的思维习惯和工作习惯，促进个人能力的提升。只有持续不断地坚持，才能形成好的习惯，才能显现其实际效果。

三、公平才有好结果

在绩效考评阶段，很容易出现三种不利倾向。一是晕轮效应，美国心理学家爱德华·桑戴克根据心理实验的结果发现，考评者在对一个人进行考评时，往往会凭主观印象行事，从而使评估结果有偏高或偏低的倾向，这种现象被称之为晕轮效应。它表现为在绩效考评过程中，往往将某一优点或缺点扩大，以偏概全，一好百好或一无是处，尤其是在使用工作负荷系数时，晕轮效应会表现得更加明显。实际工作中，将工作负荷系数由年度评价可改进为按季度评价，一定程度上避免了晕轮效应。二是人际关系化倾向，指把被考评者与自己的关系好坏作为考评的依据，或作为拉开档次的重要因素，实际工作中这种情形较为容易发生。三是个人偏见，在进行各种考评时，可能在个人特征，如民族、性别、年龄、性格、爱好等方面存在偏见，或者偏爱与自己的行为或人格相近的人，造成人为的不公平，比如对于自己关系不错、性格相投的人会给予较高的分数，与自己关系较差的给予较低的分数等。

考评时的这些误区必须引起高度重视，为了考评结果的客观、公正、真实，每名干部职工特别是领导干部都必须充分意识到上述问题的严重性并尽量加以避免。

第十二章　标准化绩效管理的创新与展望

第一节　标准化绩效管理的经验借鉴

绩效管理是世界公认的一道管理难题。在行政部门推行标准化绩效管理，更是一个复杂的系统工程，有一些必须突破的瓶颈和难点。比如：目标难融合、绩效难界定、评价难量化、横向不可比、结果难应用等等。只有立足本部门管理实际，较好地发挥传统管理优势和现代管理的先进性，才能确保顺利推进。经过实践逐渐摸索出切实可行的经验，对这一管理模式也逐渐有了更清晰的认识和更深刻的体会。

一、"一把手"具有决定性作用

标准化绩效管理不仅是一次管理机制和管理方式的变革，更是一次思想观念和传统习惯的改变，涉及工作的方方面面，更触及到每个人的切身利益，推进过程中肯定会有阻力、有压力、有困难。这项改革能否顺利推行，不仅取决于科学完备的制度设计、正确合理的路径选择，更取决于领导干部的信心、决心和恒心。实际推行中，各级领导干部必须要有全局的胸怀、长远的眼光，敢于直面矛盾，敢于担当责任；还要坚持稳妥、谨慎的原则，尽量照顾到大多数人的利益，尽量考虑到每名干部职工的感受和要求；更要掌控好整体方向，把握好推进节奏，拿捏好关键环节的力度，在工作中和大家一道创造性地解决各种矛盾和困难，才能真正把标准化绩效管理落到实处。尤其需要强调的是，在管理框架和体系设计中，既要做到科学严密，确保管理规范高效，又要有足够的弹性，为各级一把手留下制度内的管理空间，确保"一把手"牢牢把握方向、掌控全局，确保在实际工作中能够突出战略重点，树立正确导向。比如，在上级部署指标和全年工作要点指标的确定上,由"一把手"最终审定;在特别加扣分的确定上,要让领导干部有一定的裁量权,可为"一把手"设定高一点的权重等等,具体操作规则需要在实践中反复权衡、反复调整。

二、全员参与是保障

标准化绩效管理不是某个单位(处室)、某个人的事,而是广大干部职工共同的事业,需要凝聚集体的智慧和力量,需要共同的努力和付出,不仅需要全体干部职工从设计到操作全员、全过程地参与,更需要大家结合各自的实践和体会,不断完善制度、办法和操作规程。同时,标准化绩效管理也不仅仅是个人被动地编写文件、录入数据,而是全体成员主动设定工作目标、自觉审视工作表现、自愿提升工作绩效的管理过程。可以说,离开全体成员的主动参与,标准化绩效管理就会流于形式,就会成为应付性的无用劳动,自我管理、自我提升、全面发展的目标也将难以实现。因此,标准化绩效管理关乎每一名干部职工,没有任何人是旁观者、局外人,必须鼓励和引导广大干部职工积极投入到标准化绩效管理的各项具体工作中,开放式沟通、广泛性参与,在实践中不断强化思想认同,进而培育出绩效文化,逐步使标准化绩效管理的价值理念内化为每一个人的自觉行动。

三、目标共识是源泉

什么是目标共识?目标共识就是人们对所期望达到目的、境界的共同认识和一致看法。目标共识是团结一心、干事创业的思想基础,是共同奋斗、攻坚克难的动力源泉。历史经验证明,人们思想的统一、行动的一致、力量的凝聚,各方面积极因素的调动,都需要以取得目标共识为前提。

作为一种科学有效的管理工具,绩效管理意味着组织和个人之间持续的双向沟通过程,这个过程是通过管理者和管理对象就绩效目标指标达成契约、形成共识来保证完成的。在这一过程中,组织战略目标被层层分解为个人目标,组织和个人之间在对组织和个人绩效的期望问题上达成共识,并由个人对自己的工作目标做出承诺;与此同时,组织也通过制度的不断完善对个人做出相应的承诺。因此,目标共识是组织愿景和个人愿景的有效融合,它使个人有了明确的工作预期和成长方向,能够有效调动和激发个人的主动性和创造性,促使个人把对组织的价值认同转化为自觉行动。绩效管理也因此成为个人主动设定工作目标、自觉审视工作表现、自愿提升工作绩效的参与性管理过程。因此,只有形成目标共识,才能激发内在动力,形成强大的推进合力。

四、创新发展是关键

立足行政管理实际，有选择、有批判地借鉴各类组织标准化管理、绩效管理的理念、模式和方法，并在实践中不断创新发展，是标准化绩效管理推行成功的重要因素之一。比如，针对标准化管理和绩效管理单独推行中容易遇见的问题，将二者融合为标准化绩效管理，实现了扬长避短、优势互补。再如，相对于企业，在量化的、机械的管理体系中融入人文理念，着力培养个人积极进取的精神和良好的思维、工作、生活习惯，激励人的社会道德追求、精神追求，追求个人素质的提升、境界的提高，有效避免了企业的"绩效主义"。又如，企业绩效管理的激励机制大多是基于某一确定经济目标的、孤立的激励，考虑当前利益较多，精神层面较少。而标准化绩效管理更加注重广义上的薪酬激励，即包括绩效工资为主的经济激励，又包括地位形象、荣誉等在内的精神激励，特别是与干部选拔和交流挂钩，全面提升了激励的深度和广度。

五、先进技术是支撑

行政部门推行标准化绩效管理面临许多瓶颈，比如行政工作难量化、结果不可比、操作程序繁琐等等。在管理实践中，一方面，要注重先进技术和方法的引入，有效破解上述难题，全面提升管理的科学性、客观性、公正性、适用性、人文性。比如，整合关键绩效指标法（KPI）、目标管理等绩效管理工具，科学设计目标指标体系；引入工作负荷系数、责任系数、调整公式等应用数学、统计学技术和方法，确保考评结果客观公正、横向可比；坚持精细化设计、便捷式操作，总体框架和制度经过一定时期运行定型后，一般不做大的调整，每年按照固定的程序规范化运作，同时研发集办公系统、业务系统和绩效管理为一体的信息化平台，做到"过程留痕"、信息化操作，实现"事倍功半"到"事半功倍"的转变。另一方面，还要避免片面地强调先进技术，标准化绩效管理的实质不在于采用什么样的形式，不在于采用什么的方法、工具，标准化绩效管理的技术、方法有很多种，不一定先进的就是好用的，关键在于采用适用于本部门实际情况的形式和方法，能够很好地解决实际问题，提高整体绩效，这样才能更好地促进大家做好标准化绩效管理工作。比如，在选择绩效指标权重确定方法时，创造性地运用"五星法"，而不是选择更复杂、更先进的其他方法，既便于广大干部职工接受，又与管理实际非常契合，取得了很好的效果。

六、相对客观公正是目标

绩效管理是世界公认的一道管理难题，再加上政府部门绩效内涵的复杂性、参与主体的多元性以及利益诉求的差异性，实现"完美"管理显然是一项"无法完成的任务"。实践中，尝试多种现代技术和方法，破解推行标准化绩效管理的难题和瓶颈，逐步实现了管理过程、绩效结果的相对客观和公正。经过实践经验再一次证明，管理从来都是一个不断探索、不断改进、不断完善的过程，管理结果和部门实际的"八九不离十"已经是相对"完美"的结果，在改革初始阶段甚至只能做到"八九不离七八十"。因此，相对的客观公正是标准化绩效管理追求的目标。在实际推行中，必须端正心态，正确看待、妥善处理管理过程中出现的各种问题，做到管理水平和管理效果的持续提升，才能逐步迈向这一管理目标。

第二节　标准化绩效管理的创新

绩效管理是各项工作的总抓手和重中之重。因此，各级管理者必须全面掌握实施过程中的动态情况，手把手地指导广大干部职工如何去实施标准化绩效管理，一起研究分析和解决推进中遇到的各种具体问题，消除疑惑，扫清障碍，尤其是要把握好工作导向、机会均等、公平公正等关键问题，才能确保标准化绩效管理顺利实施。

一、统一思想认识，形成推进合力

标准化绩效管理是一项全新的工作。如果广大干部职工没有一个正确的思想认识，实行标准化绩效管理就是一句空话。因此，如何解决好思想认识问题，是各级管理者在推进标准化绩效管理中面临的头等大事。

一是加强思想引导。要反复讲明一个道理，开展标准化绩效管理不是为了管人、约束人，而是为了让每一名干部职工更加清楚自己的目标任务，更好地发挥自己的主动性、创造性，逐渐养成一种良好的行为习惯、工作习惯。让每一名干部职工认识到，绩效管理对自己有什么好处，对组织有什么好处，从而营造一种良好的绩效氛围。

二是抓好绩效培训。保证标准化绩效管理的有效实施，形式多样、行之有效的培训必不可少。重点是分层次、有重点地加强绩效知识和操作技能培训，而不是一刀切、一窝蜂式的培训。比如，各级管理者要掌握绩效管理原理及绩效管理体系架构，熟练运用绩效指标体系和评价体系；绩效沟通的方法和技能；绩效分析和改进的技能等等。一般干部要了解绩效管理的作用和意义，会编制绩效指标和评价标准，会记录绩效过程，会绩效沟通和改进等等。同时，要不断创新培训载体和培训的方式，不单是要掌握一些基本知识，更重要的是学会如何来实际操作，如何来解决实际问题。培训的时候不能单单采用听讲的方式，还可以采取分组讨论、案例分析、情景模拟等形式，增强培训效果。

三是共同做好绩效管理。社会心理学研究发现，当人们亲自参与了某项决策的研究和制定，并在这一过程中做出了公开表态，他们一般会倾向于坚持自己所表明的立场，并且不易因受到外界力量的影响而发生改变。各级管理者要积极引导广大干部职工参与绩效管理各环节工作，特别是要和干部职工一起，围绕战略目标、年度任务的实现，并结合每个人的工作职责，一起制定绩效计划，通过耐心细致地双向沟通，对部门目标、单位（处室）目标、个人目标达成一致的认同，这样就把个人愿景和组织愿景有机统一起来，形成统一的思想认识。同时，要及时了解干部职工在工作过程中遇到的困难和取得的进步，以正向引导的方式给予必要的支持，增强干部职工的自信心和动力。

四是培育良好的绩效文化。在广大干部职工中激发主动改进个人工作、提升个人素质和能力的强烈欲望，逐渐养成经常进行工作观察和分析的习惯。同时，立足部门实际，不断完善制度体系，形成正确的制度导向。另外，还需要通过多种形式的宣传，营造良好的标准化绩效管理氛围，倡导向上向善、弘扬正能量的价值理念，形成互信互助的绩效伙伴关系，使绩效理念深入人心，绩效文化逐步形成。

二、加强理论学习，当好绩效老师

各级管理者不仅自己要熟练掌握和运用绩效管理的基本知识，还要能给广大干部职工当老师、做辅导。怎样才能达到这个要求？

一是弄明白。标准化管理、绩效管理理论，都是公共管理理论的分支，既有传统的管理理论基础，还融入了一些新兴的学科门类，这些知识具有一定的关联性，内容很多，范围很广。要想系统学习、全面掌握这些理论知识，首先应从基础理论、基本原理、主要方法等内容学起，原原本本，学深学透，不仅要知其然，还要知其所以然。同时，标准化管理和绩效管理不是科学管理的全部，还需要行为科学、领导艺术、沟通技巧，以及决策、调查等多种理论和方法，也应当注重学习和掌握。另外，绩效管理还是一门操作性很强的管理方法，各级管理者在掌握理论知识的同时，要把每一个操作中的细节，彻彻底底地搞明白，知道从哪儿着手，怎么动手。不能仅停留在理论知识上，与实际操作脱节。

二是讲清楚。必须把标准化绩效管理的相关知识掰开了、揉碎了不厌其烦地给广大干部职工讲清楚。重点是要把基本原理讲透彻，使其明白标准化绩效管理的内涵、实质作用是什么。把意义讲清楚，标准化绩效管理不只是一种管理工具，也是一种价值理念。其追求的本质是实现自我管理，从"要我做"到"我要做"，最终实现自我提升、全面发展。把主要观点讲清楚，推行标准化绩效管理是大势所趋，对事业、对组织、对个人、对家庭都有好处；要把主要方法讲清楚，有什么可使用的工具、方法、措施，有什么作用，解决什么问题等等。对于这些绩效管理中的重点问题，一定要反复讲、具体讲。

三要会沟通。抓住各阶段重点，切实做好沟通。在绩效计划阶段，要和每位干部职工对目标指标和评价标准反复沟通、达成一致、形成契约。在绩效监控阶段，要根据每个人的周记录、月小结，对实际工作与指标计划之间出现的偏差进行及时纠正。在绩效考评和改进阶段，和干部职工围绕考评期内的工作是否合理公正进行开放式沟通；还应当就工作中出现问题的原因进行深入分析，共同确定下一期改进的重点。同时，在沟通过程中要注意方式方法，确保沟通效果。

三、掌控实施过程，把握前进方向

各级管理者，特别是"一把手"的根本职责是把方向、抓大事、谋全局。在推行标准化绩效管理中，各级管理者必须牢牢掌控实施过程，特别是要切实把握好工作导向、客观公正等关键问题，确保标准化绩效管理正确前行。

第一，在绩效计划阶段，重点是制定出科学合理、切实有效的绩效计划。和干部职工一起，在深入分析、全面了解组织目标、年度重点任务的基础上，结合各自岗位职责，科学设定绩效指标和评价标准。特别是要解决指标制定过程中，战略重点不明确、导向性不强、评价标准过高或过低等问题。要防止这些问题的出现，作为一把手既要正确把握组织目标、重点工作，还要全面掌握每一项工作的具体情况，包括领导要求、同行水平、历史水平三个维度，工作的目前情况怎么样，要达到什么水平，关键的指标有哪些，上下级之间指标有何联系，怎么去把握各个事项之间的关系等等。

第二，在绩效监控阶段，重点要做好过程管理。绩效监控是标准化绩效管理核心流程中的关键环节，其质量直接影响着标准化绩效管理的成败。从实际情况来看，这一环节往往容易被忽视或流于形式。在这一阶段，各级管理者要学会运用绩效指标指导工作、调动工作，引导和帮助每个人作好月计划、周记录、月小结，确保每个人的记录真实可靠，真实反映具体工作情况。其次，要做好绩效辅导，加强督促检查，好的提出表扬，发现问题及时改进，提高管理效率。

第三，在绩效考评阶段，重点是实现考评结果的客观公正。客观公正体现在两方面，一是考评结果较好体现工作努力程度，二是考评结果较好体现工作导向。一方面，考评结果是否体现努力程度，影响因素很多，但关键取决于各级管理者是否具有客观公正的心态，是否能以公正、正直的心，平等地对待每一个人，用好负荷系数、责任系数等方法。实践证明，只有以公正公平的心用好这些方法，结果才会客观公正，让人信服，自己也会赢得大家的尊重。如果管理中迁就和偏祖个别人，相应也会得罪大多数人，自然也就丧失了在大家心目中的公信力。公信力没了，管理也就无从谈起。另一方面，要把握好导向问题，关键是用好加扣分手段，特别是要通过创新性工作和突破性工作的评审，让广大干部职工清楚，组织的导向是什么，组织弘扬什么，怎样抓好工作才能取得好成绩，才能得到组织认可。

第四，在改进和应用阶段，重点是用好绩效结果。绩效结果不仅能体现工作努力程度，也体现着工作差距，决定着下一步工作的努力方向。因此，用好绩效结果的含义，包括两个方面：一方面，实现正向激励。这种正向激励不仅包括根据绩效结果开展评先评优、选拔任用等，还包括部门对个人绩效不同方式的认同、表扬、鼓励和个人的自我肯定。各级"一把手"要肯定个人的进步，肯定个人为单位绩效和组织绩效提升中的贡献。同时，还要引导大家积极开展纵向比较，总结成绩，发现进步。另一方面，实现工作改进。要综合绩效结果和干部职工一道诊断存在的问题及原因，制定整改措施，实现个人和组织绩效的不断优化。

第三节　未来展望

在推行标准化绩效管理的这些年通过实施绩效计划、绩效监控、绩效考评和绩效改进四环节闭环管理，周期性总结提升，建立了螺旋式持续改进机制；通过工作流程全方位动态监管，把内部防范和外部监督贯穿于管理之中，建立了风险防控机制；通过达成目标共识和关爱个人的成长进步，激发全体干部职工的内生动力，建立了活力激发机制；通过明确客观公正的用人标尺，规范选用干部流程，建立了科学的选人用人机制。这些机制的建立，巩固了标准化绩效管理改革的成果，使整体工作水平有了质的飞跃。

通过实行标准化绩效管理，旨在创建客观公正的制度环境和自强不息的人文环境。因此，标准化绩效管理不只是一种管理工具，也是一种文化价值理念。这种理念，内化于心，就是每个人的价值取向以任劳任怨、勤勤恳恳、履职尽责、追求卓越为基础，融入思想，化为立场；其外化于行，就是要求我们热爱自己的岗位，明确自己的目标，制定自己的计划，并与组织达成"契约"，主动而为、自觉而为，从"要我做"到"我要做"，向上向善，积极进取，激发内在动力，最终实现自我管理、自我提升、自我发展。

绩效文化的形成需要经历一个由认知、接受、习惯、自觉，到自我管理、自我提升的发展过程。标准化绩效管理经过多年的实际运行，已经初步建立起了客观公正的制度环境，以"履职尽责""自觉而为""追求卓越""向上向善"为核心价值理念的绩效文化雏形也已逐步显现。

履职尽责——共同的工作基准。在标准化绩效管理设计之初，就考虑到战略性与民主性，以标准化为依托，全面梳理岗责体系，制定标准化作业指导书和程序文件，为每个岗位明确职责，避免岗位交叉，使每个人员都清晰地知道自己该干什么，该如何与其他岗位无缝衔接，保障整体流畅运转。同时将组织的战略目标贯穿于日常，结合岗位职责，通过层层分解，充分沟通，将组织目标与个人目标紧密结合，使每个人都有清晰的目标方向，明确的工作着力点。在这一模式下，组织目标与个人目标达到了高度契合，组织与个人的发展意愿也达到了高度统一，规范的工作程序、明确的责任分工增加工作人员的责任感与使命感，清晰的工作路径、高效的运行流程让工作人员干起活来更加顺畅舒心，履职尽责已成为每个人的最基本的工作准则。

自觉而为——共同的行为习惯。每个人的每项工作任务通过年初制定绩效计划，都已转化为有明确时间节点、数量质量要求的具体指标，然后通过周记、月结、季考、年评的方式，帮助工作人员及时按质按量的完成既定目标。经过多年的运行，管理者实现了由从抵触、接受到主动使用、形成习惯的转变，普遍认为标准化绩效管理是一个好工具，从年初制定指标开始就对全年工作有了清晰的任务清单，具体到什么时间、该干什么、干到什么程度一目了然，使个人工作起来更加有条理、有效率；同时再加上有效地奖惩措施，个人工作起来更加有动力、有激情，以前是领导追着派活干，而现在追着领导要活干已成为自觉行为。

追求卓越——共同的努力目标。传统的管理方式下，通常不对个人的工作做出明显的量化区分，人们往往愿意挑选一些工作任务轻松自由、不用承担责任的"好活"。而标准化绩效管理有着一整套科学严密的管理评价体系，从制定绩效计划开始，就按照"跳一跳，摘得到"的原则量化指标考评标准，引导干部职工追求更高的目标，同时结合负荷系数、责任系数评价方式，谁干活多干活少都晒在了阳光下，客观公正的反映个人工作量；为了鼓励个人和单位主动承担上级领导关心的大事要事，勇于担当重大改革任务，积极争取实现工作的突破、创新，激发干部职工干事创业、增比进位、事争一流的动力，专门设立特别加扣分项。在这种制度环境下，人们不再寻求轻松自由的"好活"，而普遍去想方设法把活干好，努力争抢完成重活、难活等重大工作任务，在工作中追求卓越、实现创新突破成为人们的共同努力目标。

向上向善——共同的动力源泉。标准化绩效管理通过制度设计，引导干部职工积极进取，主动而为，自强不息，激发人们向上向善的内在工作积极性和主动性。通过标准化绩效管理，建立一种从目标共识，到全程参与，再到结果公平的管理机制。在绩效计划环节，通过开放式沟通、广泛性参与，让每个人都清楚地认识自己的岗位和环境，明晰自己的目标和职责，明确个人的工作预期和成长方向；在过程管理环节，通过绩效沟通，做好绩效辅导，帮助干部职工总结优点、调整偏差；在绩效考评环节，将个人成绩与单位成绩相结合，鼓励团队合作，培养协作精神、增强集体凝聚力；在绩效改进环节，通过考评结果反映出的成绩差别，帮助单位和个人共同改进完善。以此为基础，干部职工在每个管理循环中不断得到成长与提升，这激发了干部职工干事创业的内生动力，反过来对整个组织的进步与发展起到积极推动作用。

自我管理是绩效管理追求的境界，这需要在不断优化管理体系的同时，精心培育自强不息的文化价值理念，进一步激发广大干部职工自觉自愿的工作欲望，并逐步内化为自觉行动，养成经常进行工作观察和分析的习惯，最终实现自我管理、自我提升、全面发展。在这个过程中，组织与个人、个人与个人之间逐渐建立互信互助的绩效伙伴关系，在更高层次上形成目标认同、价值认同、思想认同，共同实现组织、团队和个人目标。实现这样的愿景，虽然还有很长的一段路要走，但展望未来，一条充满希望的道路正在不断延伸。

参考文献

[1] 冯志峰. 新时代绩效管理机制持续改进的流程创新——以税务系统绩效管理版本为研究样本 [J]. 东方论坛：青岛大学学报, 2018, (3): 1-8

[2] 阎思思. 新时代企业经济管理创新与实践研究 [J]. 商情, 2020, (16): 126-126

[3] 陈颖洁. 新时代高校科研标准化管理工作创新研究 [J]. 大众标准化, 2021, (24): 149-151

[4] 张亚龙. 新时代经济学研究创新与经济发展——第八届哈博·高校（经管）博士学术论坛综述 [J]. 中国管理信息化, 2018, 21 (11): 105-107

[5] 钟志锋. 新时代企业经济创新管理与企业发展研究 [J]. 商场现代化, 2019, (4): 137-138

[6] 李瑞彩. 新时期企业经济管理的创新研究 [J]. 卷宗, 2019, (20): 216-216

[7] 杨宏伟. 新时代企业经济管理创新研究 [J]. 合作经济与科技, 2018, (10): 90-91

[8] 朱永慧. 新时代企业经济管理创新研究 [J]. 消费导刊, 2020, (50): 222-222

[9] 何岸钊, 张亦驰, 马若甲. 新时代企业经济管理创新研究 [J]. 消费导刊, 2020, (30): 162-162

[10] 赵娅, 张伟艳. 新时代背景下商贸流通业绿色创新绩效提升对策研究 [J]. 现代商贸工业, 2019, (22): 16-18

[11] 柳自斌. 创新新时期财政预算绩效评价管理策略研究 [J]. 财会学习, 2018, (11): 27-28

[12] 沈洋. 深圳：新时代全面实施绩效管理的实践与思考 [J]. 中国财政,

2018，（11）：15-17

[13] 葛晴. 新时代下军工科研院所的员工绩效管理方向研究［J］. 中文信息，2018，（11）：246-246

[14] 王永贵，洪傲然. 千篇一律还是产品定制——"一带一路"背景下中国企业跨国渠道经营研究［J］. 管理世界，2020，36（12）：17-17

[15] 胡天向. 浅谈新时代下经济管理模式的规范化［J］. 新晋商，2020，（6）：1-1

[16] 李勃昕，韩先锋. 新时代下对中国创新绩效的再思考——基于国家创新体系的基于国家创新体系的"金字塔"结构分析［J］. 经济学家，2018，（10）：72-79

[17] 李燕枫. 企业人力资源管理中的绩效考核与激励机制探讨［J］. 卷宗，2021，（16）：236-236

[18] 周世欣. 新时期医院绩效管理和绩效工资的创新研究［J］. 中国科技投资，2021，（13）：184+186

[19] 刘路星，冀晓瑞. 新时代背景下食品企业财会类人才培养创新研究——评《食品企业社会责任与经济绩效的关系研究》［J］. 食品工业，2020，（4）：367-367

[20] 焦学娇. 新时期事业单位经济师人力资源管理中的绩效考核探究［J］. 缔客世界，2020，（5）：207-207

[21] 刘焱，方琳溶. 基于经济效益分析新时代高校预算绩效管理研究［J］. 时代金融，2020，（20）：142-143

[22] 吴世娟. 公共人力资源管理视角下南平市科技特派员激励机制研究［J］. 武夷学院学报，2022，41（1）：48-53

[23] 穆宏. 浅谈新时期事业单位绩效管理和绩效工资的创新改革［J］. 经营者，2020，34（10）：37+39

[24] 王玲. 绩效管理视角下激励新时代烟草商业企业员工担当作为思路研究［J］. 智库时代，2019，（22）：1-2

[25] 陈秀. 新时期血站系统预算绩效管理和财务管理模式创新分析［J］. 财经界，2020，（35）：150-151

[26] 袁旻. 新时期血站系统预算绩效管理和财务管理模式创新［J］. 消费导刊，2019，（14）：196-196

[27] 吴艳文. "新时代绩效管理的新思路和新方法"研讨会在蚌埠召开［J］. 中国人事科学，2019，（6）：3-3

[28] 张月强. GOT：目标共进激活组织——新时代绩效管理变革的创新探索与

实践［J］.企业管理，2021，（3）：18-24

［29］黄启师.浅谈新时期医院绩效管理的改革与创新［J］.广东经济，2017，（9X）：21-21

［30］杨学儒，梁强，杨俊.新时代的创新创业与家族企业研究：过程、战略与绩效［J］.南方经济，2018，（10）：1-9

［31］李晓梅，马绘谦.新时期事业单位预算绩效的创新研究［J］.财经界，2020，（7）：56-56

［32］李慧.新时期事业单位预算绩效的创新研究［J］.内蒙古科技与经济，2020，（24）：62-63

［33］汪大金.高校创新创业项目质量管理与绩效评价研究［J］.创新创业理论研究与实践，2020，（2）：16-20

［34］高娟.新时代中国政府绩效评价研究［J］.中国软科学，2019，（12）：62-71

［35］姜帅，贝政新.新时期出版企业绩效评价体系构建研究——基于社会效益与经济效益同构视角［J］.科技与出版，2019，（4）：57-61

［36］周媛.新时期绩效考评创新研究［J］.商场现代化，2017，（12）：126-127

［37］赵寿斌.新时期事业单位绩效考评创新研究［J］.经营管理者，2016，（16）：1-1

［38］程敬.绩效管理在医院人力资源管理中的应用［J］.今商圈，2021，（14）：50-52

［39］田丰.新时代绩效管理与薪酬管理在战略人力资源管理中的相互作用探究［J］.现代商业，2021，（9）：68-70

［40］张跃卿.新时代绩效管理与薪酬管理在战略人力资源管理中相互作用探究［J］.全国商情·理论研究，2020，（10）：108-109

［41］李大君.新时代国有企业绩效考核体系的构建研究和简述［J］.商场现代化，2019，（7）：112-113

［42］祁佩佩.新时期医院绩效管理研究［J］.财经界，2019，（1）：128-129

［43］刘德珍.新时代背景下我国研究生资助工作的路径探析［J］.品牌研究，2021，（6）：272-274

［44］韩英.新时代经济师人力资源管理的有效策略研究［J］.商品与质量，2020，（5）：208-209

［45］童琳.新时期电力企业绩效考核管理工作的有效措施［J］.商业故事，2020，（4）：153-154

[46] 崔颖. 新时期加强高校预算绩效管理的路径探讨 [J]. 理财周刊, 2020, (33): 146-146

[47] 林伟波, 李思思, 朱鸿运. 新时代背景下高校两级管理模式提升学生工作绩效的策略研究 [J]. 学园, 2018 (20): 194-196

[48] 罗成苇. 新时期绩效考核制度在企业绩效考核中的创新应用途径 [J]. 企业文化 (中旬刊), 2017, (8): 232-232

[49] 薛鹏. 新时代事业单位绩效考核在人力资源管理中的作用探究 [J]. 黑龙江人力资源和社会保障, 2022, (7): 85-87

[50] 刘雯. 运用魔方思维探索做好新时代内部绩效审计 [J]. 审计与理财, 2021, (12): 12-14

[51] 于臻, 冯慧. 新形势下加强基层县级事业单位绩效考核的实践与思考 [J]. 卷宗, 2021, (7): 385+387

[52] 阮一, 张克让. 新时期绩效评价管理面临挑战与突破 [J]. 知识经济, 2020, (24): 57-58

[53] 刘芳秀. 事业单位人力资源管理中的绩效管理路径浅述 [J]. 空中美语, 2020, (8): 351-351

[54] 王宁宁. 新时期高校预算绩效评价体系的创新 [J]. 财会学习, 2019, (18): 27-28

[55] 张苏, 梁鹏. 互联网+背景下企业绩效管理创新策略研究 [J]. 老字号品牌营销, 2019, (10): 35-37

[56] 曹宇. 新时期电力企业绩效管理方法研究 [J]. 企业改革与管理, 2018, (23): 72-73

[57]] 王秀芳. 新时代事业单位财务管理创新方法探究 [J]. 商业观察, 2021, (18): 76-78

[58] 张军歌. 公路养护单位人力资源绩效考核问题探因 [J]. 山东青年, 2021, (6): 280+282

[59] 张同功, 赵梓涵, 赵得志. 新时代背景下山东省财政支出绩效评价与优化研究 [J]. 青岛职业技术学院学报, 2020, 33 (1): 69-77

[60] 何文盛, 蔡泽山. 新时期预算绩效管理中的评价结果应用: 挑战与进路 [J]. 财政监督, 2019, (4): 21-27